Abitur*Skript*

Mathematik

Gymnasium

Rheinland-Pfalz

STARK

Inhalt

Analysis

Analytische Geometrie/Lineare Algebra

Vorwort

Liebe Schülerin, lieber Schüler,

dieses handliche Buch bietet Ihnen einen Leitfaden zu allen wesentlichen Inhalten, die Sie im Mathematik-Abitur benötigen. Es führt Sie systematisch durch den Abiturstoff der Prüfungsgebiete Analysis, Analytische Geometrie/Lineare Algebra und Stochastik und begleitet Sie somit optimal bei Ihrer Abiturvorbereitung. Durch seinen klar strukturierten Aufbau eignet sich dieses Buch besonders zur Auffrischung und Wiederholung des Prüfungsstoffs kurz vor dem Abitur.

- **Definitionen** und **Regeln** sind durch einen grauen Balken am Rand gekennzeichnet, wichtige **Begriffe** sind durch Fettdruck hervorgehoben.
- Zahlreiche **Abbildungen** stellen den jeweiligen Lerninhalt dar.
- Passgenaue **Beispiele** verdeutlichen die Theorie. Sie sind durch das Symbol 💡 gekennzeichnet.
- Zusätzlich werden **Hinweise und Tipps** für den Einsatz des grafikfähigen Taschenrechners (**GTR**) oder des Computer-Algebra-Systems (**CAS**) gegeben. Diese sind durch einen Taschenrechner 🖩 gekennzeichnet.
- Zu typischen Grundaufgaben wird die **Vorgehensweise** Schritt für Schritt beschrieben.
- Das **Stichwortverzeichnis** führt schnell und treffsicher zum jeweiligen Stoffinhalt.
- Im Inhaltsverzeichnis und im Buch ist genau gekennzeichnet, welche Inhalte nur für eines der beiden **Wahlpflichtgebiete WPG 1** (Schwerpunkt Lineare Algebra) und **WPG 2** (Schwerpunkt Analytische Geometrie) relevant sind.

Viel Erfolg bei der Abiturprüfung!

STARK Verlag

Die zentral gestellten Analysis-Prüfungsaufgaben der letzten Jahre sowie zahlreiche Übungsaufgaben zu allen Bereichen mit vollständigen Lösungen enthält das Buch „Abiturprüfung Rheinland-Pfalz, Mathematik" (Bestell-Nr. 75000).

Analysis

1 Ganzrationale Funktionen und ihre Eigenschaften

1.1 Ganzrationale Funktion

Unter einer ganzrationalen Funktion (oder Polynomfunktion) vom Grad n versteht man eine reelle Funktion der Form:

$$f: x \mapsto a_n x^n + a_{n-1} x^{n-1} + \ldots + a_1 x + a_0$$

mit $n \in \mathbb{N}$, a_n, a_{n-1}, ..., a_1, $a_0 \in \mathbb{R}$ und $a_n \neq 0$

Definitionsmenge: $\mathbb{D}_f = \mathbb{R}$

Die Werte a_n, a_{n-1}, ..., a_1, a_0 heißen **Koeffizienten**.
Die Nullstellen einer ganzrationalen Funktion können der Linearfaktorzerlegung entnommen werden (vgl. auch Abschnitt 1.3).

$$f(x) = x^3 - 2x^2 - x + 2$$
$$= (x-2)(x^2-1)$$
$$= (x-2)(x+1)(x-1)$$

$\Rightarrow$ Nullstellen bei $x = 2$,
$x = -1$ und $x = 1$

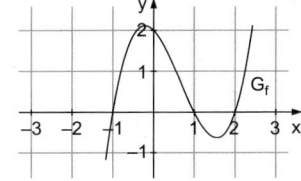

Spezialfälle: Grad 1 und Grad 2

Lineare Funktion: $f(x) = mx + t$

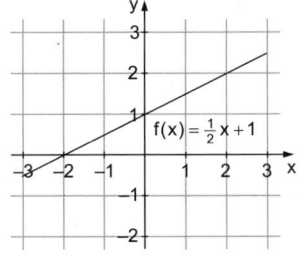

Parabel: $f(x) = ax^2 + bx + c$

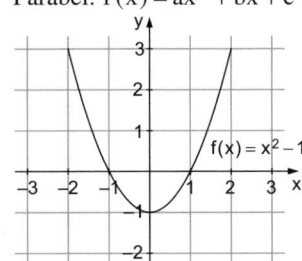

Grenzwertverhalten

Das Grenzwertverhalten ist festgelegt durch den Koeffizienten a_n und den Grad n der Funktion.

$a_n > 0$:

n gerade: $\quad \lim\limits_{x \to +\infty} f(x) = +\infty; \quad \lim\limits_{x \to -\infty} f(x) = +\infty$

n ungerade: $\quad \lim\limits_{x \to +\infty} f(x) = +\infty; \quad \lim\limits_{x \to -\infty} f(x) = -\infty$

$a_n < 0$:

n gerade: $\quad \lim\limits_{x \to +\infty} f(x) = -\infty; \quad \lim\limits_{x \to -\infty} f(x) = -\infty$

n ungerade: $\quad \lim\limits_{x \to +\infty} f(x) = -\infty; \quad \lim\limits_{x \to -\infty} f(x) = +\infty$

 Mit einem GTR/CAS kann das Grenzwertverhalten durch Zeichnen des Graphen überprüft werden.

 Bestimmen Sie das Grenzwertverhalten der Funktion f mit $f(x) = -3x^4 - 2x$.

$a_4 = -3 < 0$

$n = 4 \implies$ n gerade

$\lim\limits_{x \to \pm\infty} (-3x^4 - 2x) = -\infty$

1.2 Entwicklung von Funktionen

Verschiebung von G_f in y-Richtung

Der Graph der Funktion $f(x) + d$ entsteht aus dem Graphen der Funktion $f(x)$ durch Verschiebung um $|d|$ Längeneinheiten in y-Richtung:

$f(x) \rightarrow f(x) + d$: $d > 0 \rightarrow$ Verschiebung nach oben

$\qquad\qquad\qquad d < 0 \rightarrow$ Verschiebung nach unten

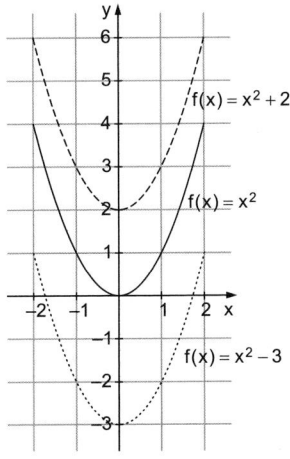

Verschiebung von G_f in x-Richtung

Der Graph der Funktion $f(x + c)$ entsteht aus dem Graphen der Funktion $f(x)$ durch Verschiebung um $|c|$ Längeneinheiten in x-Richtung:

$f(x) \rightarrow f(x + c)$: $c > 0 \rightarrow$ Verschiebung nach links

$\qquad\qquad\qquad c < 0 \rightarrow$ Verschiebung nach rechts

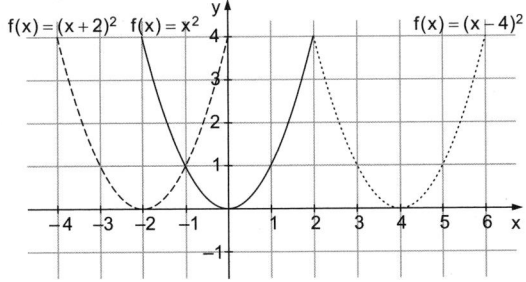

Streckung / Stauchung des Graphen von f in y-Richtung

Der Graph der Funktion **a · f(x)** entsteht aus dem Graphen der Funktion f(x) durch vertikale Streckung bzw. Stauchung mit dem Faktor $|a|$:

$f(x) \rightarrow a \cdot f(x)$ mit $a > 0$: $a > 1 \rightarrow$ Streckung

                                      $0 < a < 1 \rightarrow$ Stauchung

$f(x) \rightarrow -a \cdot f(x)$ mit $a > 0$:   zusätzliche Spiegelung an der x-Achse

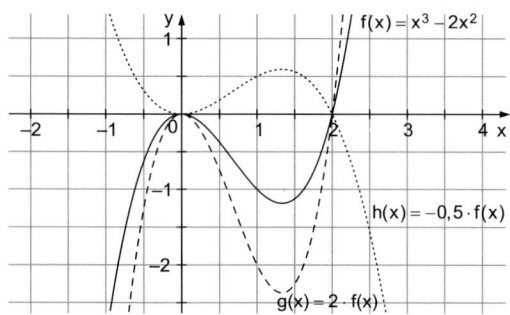

Streckung / Stauchung des Graphen von f in x-Richtung

Der Graph der Funktion **f(b · x)** entsteht aus dem Graphen der Funktion f(x) durch horizontale Streckung bzw. Stauchung mit dem Faktor $|b|$:

$f(x) \rightarrow f(b \cdot x)$ mit $b > 0$: $b > 1 \rightarrow$ Stauchung

                                      $0 < b < 1 \rightarrow$ Streckung

$f(x) \rightarrow f(-b \cdot x)$ mit $b > 0$:   zusätzliche Spiegelung an der y-Achse

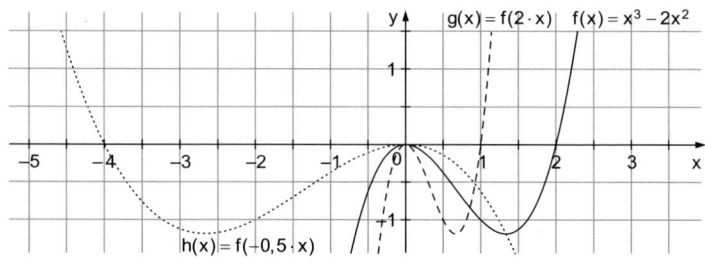

 Bemerkung: Soll für gegebene Funktionsgleichungen die Verschiebung ermittelt werden, ist es hilfreich, die Graphen mit einem GTR/CAS zu zeichnen, markante Punkte (z. B. Hoch-, Tief- oder Wendepunkte) grafisch zu bestimmen und daraus die Verschiebung abzulesen.

1.3 Vielfachheit von Nullstellen

Nullstellen ungerader Ordnung
- Eine Funktion $f(x)$ hat an der Stelle x_0 eine Nullstelle ungerader Ordnung, wenn der zugehörige Linearfaktor $(x - x_0)$ in der Linearfaktorzerlegung von $f(x)$ eine ungerade Potenz (1, 3, 5, ...) besitzt.
- Der Graph G_f weist bei x_0 einen Vorzeichenwechsel (VZW) auf.

Nullstellen gerader Ordnung
- Eine Funktion $f(x)$ hat an der Stelle x_0 eine Nullstelle gerader Ordnung, wenn der zugehörige Linearfaktor $(x - x_0)$ in der Linearfaktorzerlegung von $f(x)$ eine gerade Potenz (2, 4, 6, ...) besitzt.
- Der Graph G_f weist bei x_0 keinen Vorzeichenwechsel (VZW) auf.

einfache Nullstelle bei $x = 1$

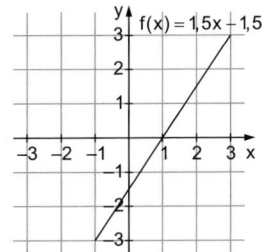

Nullstelle mit VZW;
G_f schneidet die x-Achse.

doppelte Nullstelle bei $x = 1$

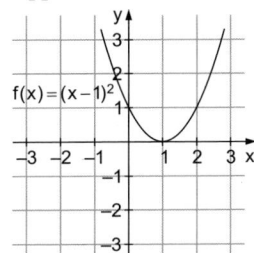

Nullstelle ohne VZW;
G_f berührt die x-Achse.

dreifache Nullstelle bei $x = 0$

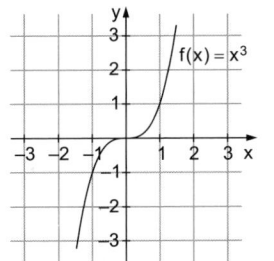

Nullstelle mit VZW;
G_f schneidet die x-Achse.

vierfache Nullstelle bei $x = -1$

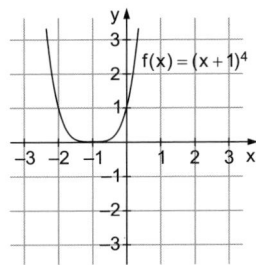

Nullstelle ohne VZW;
G_f berührt die x-Achse.

Nullstellen mit Vielfachheiten der Funktion $f(x) = \frac{x^5}{10}(x+3)^2(x-2)$:

$x = 0$: fünffache Nullstelle (VZW)

$x = -3$: doppelte Nullstelle (kein VZW)

$x = 2$: einfache Nullstelle (VZW)

1.4 Symmetrie (bez. des Koordinatensystems)

Der Graph einer reellen Funktion ist
(1) **achsensymmetrisch** (bez. der y-Achse), wenn gilt:
  $f(-x) = f(x)$ für alle $x \in \mathbb{D}_f$
(2) **punktsymmetrisch** (bez. des Ursprungs), wenn gilt:
  $f(-x) = -f(x)$ für alle $x \in \mathbb{D}_f$

(1) 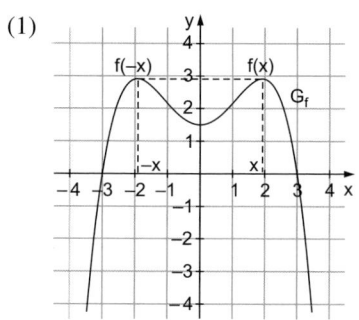   (2)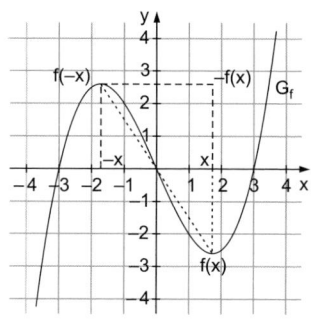

Rechnerisch überprüft man eine Funktion auf Symmetrie, indem man $-x$ statt x in den Funktionsterm einsetzt.

 Symmetrieuntersuchung der Funktion $f(x) = -\frac{1}{10}x^2(x^2-9)$:

$f(-x) = -\frac{1}{10}(-x)^2((-x)^2-9) = -\frac{1}{10}x^2(x^2-9) = f(x)$

$\Rightarrow$ G_f ist achsensymmetrisch bez. der y-Achse.

Merkregel: Eine ganzrationale Funktion ist
• achsensymmetrisch, wenn die x-Terme nur in geraden Potenzen im Funktionsterm vorkommen.
• punktsymmetrisch, wenn die x-Terme nur in ungeraden Potenzen im Funktionsterm vorkommen und $f(x)$ kein konstantes Glied enthält.

2 Gebrochen-rationale Funktionen

2.1 Nullstellen und Polstellen

Eine gebrochen-rationale Funktion f ist der Quotient zweier ganz-rationaler Funktionen u(x) und v(x):

$f: x \mapsto \frac{u(x)}{v(x)}$ mit $\mathbb{D}_f = \mathbb{R} \setminus \{\text{Nullstellen des Nenners } v(x)\}$

Nullstellen des Nenners v(x) sind Definitionslücken und *mögliche* Polstellen der Funktion f.
Nullstellen des Zählers u(x) sind *mögliche* Nullstellen der Funktion f.

Eine **Nullstelle** des Zählers ist nur dann Nullstelle der Funktion f, wenn sie nicht zugleich Nullstelle des Nenners ist.

Eine Definitionslücke x_0 (Nullstelle des Nenners) heißt **Polstelle**, falls
* x_0 keine Nullstelle des Zählers ist oder
* x_0 zugleich Nullstelle des Zählers und die Vielfachheit der Nullstelle im Nenner größer als die Vielfachheit der Nullstelle im Zähler ist.
Andernfalls ist x_0 eine **(be)hebbare Definitionslücke**.
Analog zu Nullstellen betrachtet man Polstellen mit ihrer Vielfachheit.

Geben Sie den Definitionsbereich und die Nullstellen der Funktion f sowie die Art der Definitionslücken an.

1. $f(x) = \dfrac{x-1}{(x+2)(x-3)^2}$

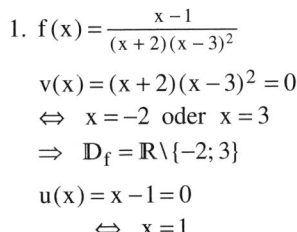

$v(x) = (x+2)(x-3)^2 = 0$
$\Leftrightarrow \quad x = -2 \text{ oder } x = 3$
$\Rightarrow \quad \mathbb{D}_f = \mathbb{R} \setminus \{-2; 3\}$

$u(x) = x - 1 = 0$
$\qquad \Leftrightarrow \quad x = 1$

Die Funktion f besitzt
* bei $x = 1$ eine einfache Nullstelle,
* bei $x = -2$ eine einfache Polstelle und
* bei $x = 3$ eine doppelte Polstelle.

2. $f(x) = \dfrac{x^2 - 3x}{2x - 6} = \dfrac{x(x-3)}{2(x-3)}$

$v(x) = 2(x-3) = 0$

$\qquad \Leftrightarrow \quad x = 3$

$\qquad \Rightarrow \quad \mathbb{D}_f = \mathbb{R} \setminus \{3\}$

$u(x) = x(x-3) = 0$

$\qquad \Leftrightarrow \quad x = 0 \text{ oder } x = 3 \,(\notin \mathbb{D}_f)$

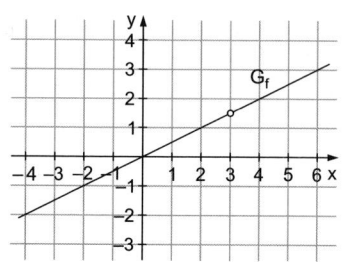

Die Funktion f besitzt
- bei $x = 0$ eine einfache Nullstelle
  und
- bei $x = 3$ eine (be)hebbare Definitionslücke.

Für $x \neq 3$ kann man im Funktionsterm kürzen:

$f(x) = \dfrac{x\,\cancel{(x-3)}}{2\,\cancel{(x-3)}} = \dfrac{x}{2}$ für $x \neq 3$

2.2 Grenzwerte und Asymptoten

Allgemein unterscheidet man zwei Arten von Grenzwerten:
- Verhalten im Unendlichen
  $$\lim_{x \to \pm\infty} f(x)$$

- Verhalten in der Nähe einer Definitionslücke, wenn man sich von links ($x \to x_0^-$) bzw. von rechts ($x \to x_0^+$) nähert
  $$\lim_{x \to x_0} f(x); \quad x_0 \notin \mathbb{D}_f$$

Verhalten in der Nähe einer Polstelle, senkrechte Asymptoten

Ziel dieser Grenzwertbetrachtung ist es, das Verhalten einer Funktion in der Umgebung einer Polstelle zu untersuchen. An einer Polstelle besitzt der Graph der Funktion eine senkrechte Asymptote. Bei der Annäherung an diese Asymptote werden die Funktionswerte beliebig groß bzw. klein. Als Grenzwert ergibt sich hier also $+\infty$ oder $-\infty$.

Bestimmen Sie das Verhalten des Graphen der Funktion $f(x) = \dfrac{x^2}{2(x-2)}$ in der Nähe der Polstelle.

$v(x) = 2(x-2) = 0 \quad \Leftrightarrow \quad x = 2$

$\Rightarrow \quad \mathbb{D}_f = \mathbb{R} \setminus \{2\}$

$\Rightarrow$ Die Funktion f hat bei $x = 2$ eine einfache Polstelle. Der Graph G_f besitzt dort eine senkrechte Asymptote.

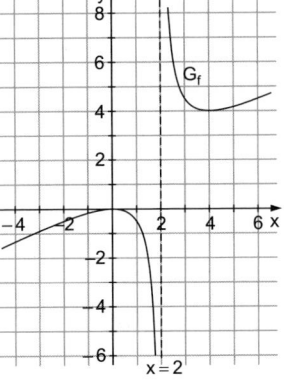

Annäherung von links:

$$\lim_{x \to 2^-} \frac{x^2}{2(x-2)} = {}_{,,}\frac{2^2}{2(2^--2)}{}^{,,} = {}_{,,}\frac{4}{0^-}{}^{,,} = -\infty$$

Annäherung von rechts:

$$\lim_{x \to 2^+} \frac{x^2}{2(x-2)} = {}_{,,}\frac{2^2}{2(2^+-2)}{}^{,,} = {}_{,,}\frac{4}{0^+}{}^{,,} = +\infty$$

Außerdem hat die Funktion bei $x = 0$ eine doppelte Nullstelle.

Verhalten im Unendlichen, waagrechte Asymptoten

Das Verhalten einer gebrochen-rationalen Funktion im Unendlichen wird untersucht, um festzustellen, ob eine waagrechte Asymptote vorliegt oder nicht. Eine waagrechte Asymptote ist eine zur x-Achse parallele Gerade $y = a$, $a \in \mathbb{R}$, an die sich der Graph einer Funktion beliebig genau annähert, aber diese nie erreicht. Es gilt dann $\lim\limits_{x \to \pm\infty} f(x) = a$.

Es gibt drei verschiedene Fälle, die bei dieser Grenzwertbetrachtung auftreten können. Diese werden bestimmt durch den Grad des Zähler- und Nennerpolynoms, dabei bezeichnet im Folgenden Grad Z die höchste Potenz von x im Zähler (Zählergrad) und Grad N die höchste Potenz von x im Nenner (Nennergrad). In allen drei Fällen wird zur Berechnung des Limes das x mit der höchsten Potenz im Nenner sowohl im Zähler als auch im Nenner ausgeklammert.

1. Fall: Grad Z = Grad N
Entsprechen sich bei einer gebrochen-rationalen Funktion der Zähler- und der Nennergrad, besitzt der Graph der Funktion eine waagrechte Asymptote, die sich aus den Koeffizienten der höchsten Potenz ergibt:

$$f(x) = \frac{a_n x^n + \ldots + a_0}{b_n x^n + \ldots + b_0} \quad \Rightarrow \quad \text{waagrechte Asymptote } y = \frac{a_n}{b_n}$$

$f(x) = \dfrac{2x^3 - 3x}{5x^3 + 2x + 1}$

$$\lim_{x \to \pm\infty} \frac{2x^3 - 3x}{5x^3 + 2x + 1} = \lim_{x \to \pm\infty} \frac{x^3\left(2 - \frac{3}{x^2}\right)}{x^3\left(5 + \frac{2}{x^2} + \frac{1}{x^3}\right)} = \lim_{x \to \pm\infty} \frac{2 - \overbrace{\frac{3}{x^2}}^{\to 0}}{5 + \underbrace{\frac{2}{x^2}}_{\to 0} + \underbrace{\frac{1}{x^3}}_{\to 0}} = \frac{2}{5}$$

$\Rightarrow$ $y = \dfrac{2}{5}$ ist waagrechte Asymptote.

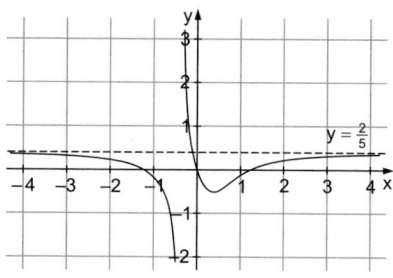

2. Fall: Grad Z < Grad N

Ist bei einer gebrochen-rationalen Funktion der Zählergrad kleiner als der Nennergrad, ist die x-Achse waagrechte Asymptote des Graphen:

$$f(x) = \frac{a_m x^m + \ldots + a_0}{b_n x^n + \ldots + b_0} \quad \text{mit } m < n \quad \Rightarrow \quad \text{waagrechte Asymptote } y = 0$$

 $f(x) = \dfrac{2x^2 - 3x}{5x^3 + 2x + 1}$

$$\lim_{x \to \pm\infty} \frac{2x^2 - 3x}{5x^3 + 2x + 1} = \lim_{x \to \pm\infty} \frac{x^3\left(\frac{2}{x} - \frac{3}{x^2}\right)}{x^3\left(5 + \frac{2}{x^2} + \frac{1}{x^3}\right)} = \lim_{x \to \pm\infty} \frac{\overbrace{\frac{2}{x}}^{\to 0} - \overbrace{\frac{3}{x^2}}^{\to 0}}{5 + \underbrace{\frac{2}{x^2}}_{\to 0} + \underbrace{\frac{1}{x^3}}_{\to 0}} = \frac{0}{5} = 0$$

$\Rightarrow$ $y = 0$ (x-Achse) ist waagrechte Asymptote.

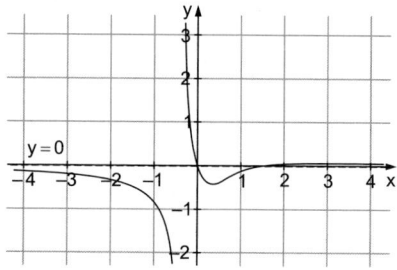

3. Fall: Grad Z > Grad N

Ist bei einer gebrochen-rationalen Funktion der Zählergrad größer als der Nennergrad, besitzt der Graph keine waagrechte Asymptote:

$f(x) = \dfrac{a_n x^n + \ldots + a_0}{b_m x^m + \ldots + b_0}$ mit $m < n$ $\Rightarrow$ keine waagrechte Asymptote

$f(x) = \dfrac{2x^4 - 3x}{5x^3 + 2x + 1}$

$$\lim_{x \to \pm\infty} \frac{2x^4 - 3x}{5x^3 + 2x + 1} = \lim_{x \to \pm\infty} \frac{x^3\left(2x - \frac{3}{x^2}\right)}{x^3\left(5 + \frac{2}{x^2} + \frac{1}{x^3}\right)} = \lim_{x \to \pm\infty} \frac{2x - \overset{\to 0}{\frac{3}{x^2}}}{5 + \underset{\to 0}{\frac{2}{x^2}} + \underset{\to 0}{\frac{1}{x^3}}} = \frac{2 \cdot (\pm\infty)}{5}\text{"} = \pm\infty$$

$\Rightarrow$ Es existiert keine waagrechte Asymptote.

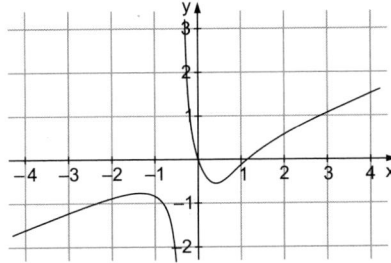

Schräge Asymptoten

Besitzt der Graph einer gebrochen-rationalen Funktion keine waagrechte Asymptote, so kann es dennoch sein, dass sich der Graph im Unendlichen einer beliebigen Geraden $y = mx + t$ annähert. Man spricht in diesem Fall von einer schrägen Asymptote. Dieser Fall tritt ein, wenn der Zählergrad der Funktion genau um 1 größer ist als der Nennergrad, denn dann lässt sich der Funktionsterm auch schreiben als:

$f(x) = mx + t + \dfrac{u(x)}{v(x)}$ mit Grad $u <$ Grad v

Aus dieser Darstellung kann die Gleichung der schrägen Asymptote $y = mx + t$ abgelesen werden, denn es gilt:

$$\lim_{x \to \pm\infty} (f(x) - (mx + t)) = 0$$

1. Geben Sie die schräge Asymptote von $f(x) = 3x - 4 + \frac{1}{x^2 + 2}$ an.

   f besitzt die schräge Asymptote $y = 3x - 4$, denn:

   $$\lim_{x \to \pm\infty} (f(x) - (3x - 4)) = \lim_{x \to \pm\infty} \frac{1}{x^2 + 2} = 0$$

2. Geben Sie die schräge Asymptote von $g(x) = -\frac{x}{x^2 - 1} - x + 1$ an.

   g besitzt die schräge Asymptote $y = -x + 1$, denn:

   $$\lim_{x \to \pm\infty} (g(x) - (-x + 1)) = \lim_{x \to \pm\infty} \left(-\frac{x}{x^2 - 1}\right) = 0$$

3. Skizzieren Sie den Graphen der Funktion $h(x) = x - 1 + \frac{1}{x - 1}$.

   $$h(x) = x - 1 + \frac{1}{x - 1} = \frac{(x - 1) \cdot (x - 1) + 1}{x - 1} = \frac{x^2 - 2x + 2}{x - 1}$$

   $$v(x) = x - 1 = 0 \iff x = 1 \implies \mathbb{D}_h = \mathbb{R} \setminus \{1\}$$

   $u(x) = x^2 - 2x + 2 = 0$ für kein $x \in \mathbb{R}$

   (Lösungsformel für quadratische Gleichungen)

   $\implies$ keine Nullstellen

   Die Funktion h hat bei $x = 1$ eine einfache Polstelle. Der Graph G_h besitzt dort eine senkrechte Asymptote. Außerdem ist die Gerade $y = x - 1$ schräge Asymptote des Graphen.

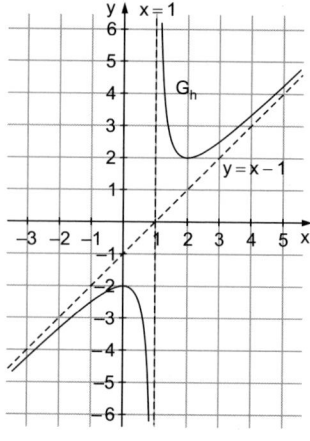

3 Natürliche Exponential- und Logarithmusfunktion

3.1 Eigenschaften und Rechenregeln

Natürliche Exponentialfunktion
- Die natürliche Exponentialfunktion lautet $f: x \mapsto e^x$.
- Definitionsmenge: $\mathbb{D}_f = \mathbb{R}$
  Wertemenge: $\mathbb{W}_f = \mathbb{R}^+$ $(e^x > 0$ für alle $x \in \mathbb{R})$
- Die e-Funktion hat keine Nullstellen.
- Grenzwerte: $\lim\limits_{x \to -\infty} e^x = 0^+$ $\lim\limits_{x \to +\infty} e^x = +\infty$

Natürliche Logarithmusfunktion
- Die natürliche Logarithmusfunktion lautet $f: x \mapsto \ln x$.
- Definitionsmenge: $\mathbb{D}_f = \mathbb{R}^+$
  Wertemenge: $\mathbb{W}_f = \mathbb{R}$
- Die ln-Funktion hat eine Nullstelle bei $x = 1$.
- Grenzwerte: $\lim\limits_{x \to 0^+} \ln x = -\infty$ $\lim\limits_{x \to +\infty} \ln x = +\infty$

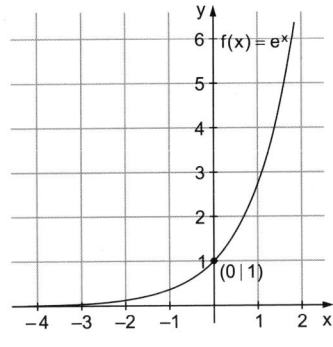 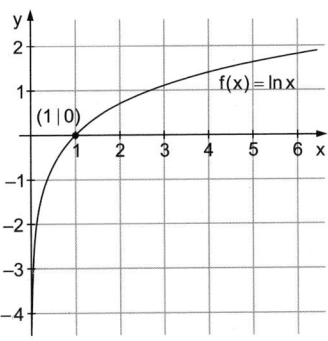

Die natürliche Exponential- und die natürliche Logarithmusfunktion sind Umkehrfunktionen voneinander; es folgt:

$$e^{\ln x} = x; \quad \ln e^x = x$$

Außerdem gilt:

$$e^0 = 1; \quad \ln 1 = 0$$

1. Bestimmen Sie die Nullstelle der Funktion $f(x) = (x+1) \cdot e^x$; $x \in \mathbb{R}$.

$$f(x) = 0$$
$$\Leftrightarrow \quad (x+1) \cdot e^x = 0$$
$$\Leftrightarrow \quad x+1 = 0 \qquad \text{da } e^x > 0 \text{ für alle } x \in \mathbb{R}$$
$$\Leftrightarrow \quad x = -1$$

2. Gegeben ist die Funktion $f(x) = \dfrac{e^x}{1+e^x}$ mit $\mathbb{D}_f = \mathbb{R}$.

Berechnen Sie den Funktionswert an der Stelle $\ln 2$ und bestimmen Sie das Verhalten an den Rändern des Definitionsbereichs.

$$f(\ln 2) = \frac{e^{\ln 2}}{1+e^{\ln 2}} = \frac{2}{1+2} = \frac{2}{3}$$

$$\lim_{x \to +\infty} f(x) = \lim_{x \to +\infty} \frac{e^x}{e^x\left(\frac{1}{e^x}+1\right)} = \lim_{x \to +\infty} \frac{1}{\frac{1}{e^x}+1} = \frac{1}{\text{,,} \, 0^+ +1} \text{``} = 1$$

$$\lim_{x \to -\infty} f(x) = \lim_{x \to -\infty} \frac{e^x}{1+e^x} = \frac{0^+}{\text{,,} \, 1+0^+} \text{``} = 0^+$$

3. Bestimmen Sie das Verhalten von $f(x) = \ln\left(\dfrac{1}{x-1}\right)$ an den Rändern des Definitionsbereichs.

Die ln-Funktion ist nur für positive Argumente definiert:

$$\frac{1}{x-1} > 0 \quad \Leftrightarrow \quad x-1 > 0 \quad \Leftrightarrow \quad x > 1 \quad \Rightarrow \quad \mathbb{D}_f = \,]1; +\infty[$$

$$\lim_{x \to 1^+} f(x) = \text{,,} \ln\left(\frac{1}{1^+ -1}\right) \text{``} = \text{,,} \ln\left(\frac{1}{0^+}\right) \text{``} = \text{,,} \ln(+\infty) \text{``} = +\infty$$

$$\lim_{x \to +\infty} f(x) = \text{,,} \ln\left(\frac{1}{+\infty -1}\right) \text{``} = \text{,,} \ln\left(\frac{1}{+\infty}\right) \text{``} = \text{,,} \ln(0^+) \text{``} = -\infty$$

 Bemerkung: Lautet der Operator „bestimmen", ist auch eine grafische Lösung mithilfe des GTR/CAS möglich.

3.2 Exponentielles Wachstum und exponentieller Zerfall

Exponentielle Wachstumsfunktion: $N(x) = N_0 \cdot e^{+k \cdot x}$

Exponentielle Zerfallsfunktion: $\quad N(x) = N_0 \cdot e^{-k \cdot x}$

Bedeutung der Parameter bzw. Werte:

N_0: Startwert für $x = 0$; $N_0 > 0$

x: Zeit ab einem bestimmten Startpunkt; $x \geq 0$

k: Wachstums- bzw. Zerfallskonstante; $k > 0$

$N(x)$: Wert nach der Zeit x

Eine Tomatenstaude hat zum Zeitpunkt des Auspflanzens eine Höhe von 8 cm. Nach 30 Tagen ist sie schon 14 cm hoch.

Das Wachstum der Staude lässt sich in den ersten zwei Monaten näherungsweise durch eine Exponentialfunktion mit einem Term der Form $N(x) = N_0 \cdot e^{k \cdot x}$ (x in Tagen, N(x) in Zentimetern) beschreiben. Bestimmen Sie rechnerisch N_0 und k.

Informationen aus dem Text:
$N(0) = 8$, $N(30) = 14$

Berechnung von N_0:
$N(0) = N_0 \cdot e^{k \cdot 0} = N_0 \quad \Rightarrow \quad N_0 = 8$

Berechnung von k:
$N(30) = 8 \cdot e^{k \cdot 30}$

$\Rightarrow \quad 8 \cdot e^{k \cdot 30} = 14$

$\Leftrightarrow \quad e^{k \cdot 30} = \frac{14}{8} \qquad | \ln$

$\Leftrightarrow \quad k \cdot 30 = \ln\left(\frac{14}{8}\right)$

$\Leftrightarrow \quad k = \frac{1}{30} \cdot \ln\left(\frac{14}{8}\right) \approx 0{,}0187$

Die Wachstumsfunktion lautet: $N(x) = 8 \cdot e^{0{,}0187 \cdot x}$

Bemerkung: Durch den Zusatz „rechnerisch" in der Aufgabenstellung muss in der Lösung sowohl der Ansatz als auch der Rechenweg mit den einzelnen Berechnungen dokumentiert werden. Die reine Angabe der Lösung und des entsprechenden Rechnerbefehls reicht nicht aus.

4 Ableitung

Die Ableitung einer Funktion entspricht in jedem Punkt der Steigung der Tangente an den Graphen der Funktion und wird deshalb als Grenzwert der Sekantensteigung bestimmt.

Der **Differenzenquotient** $\frac{f(x) - f(x_0)}{x - x_0}$ gibt die Steigung einer Sekante durch den Punkt $P(x_0 \mid f(x_0))$ und einen weiteren Punkt des Graphen der Funktion $f(x)$ an.

Der Grenzwert des Differenzenquotienten bei Annäherung der beiden Punkte heißt **Differenzialquotient** und gibt die Steigung der Tangente im Punkt P an den Graphen von $f(x)$ bzw. die Ableitung der Funktion an der Stelle x_0 an:

$$f'(x_0) = \lim_{x \to x_0} \frac{f(x) - f(x_0)}{x - x_0} \quad \text{(momentane Änderungsrate)}$$

Eine Funktion f heißt ableitbar bzw. differenzierbar an der Stelle x_0, wenn dieser Grenzwert existiert und nicht unendlich ist.

Ableitungen der Grundfunktionen

Es gilt die **Potenzregel**:
$$f(x) = x^r \quad \text{mit} \quad r \in \mathbb{R} \quad \Rightarrow \quad f'(x) = r \cdot x^{r-1}$$

 Bestimmen Sie jeweils die Ableitung der Funktion.

1. $f(x) = x^4$
   $$f'(x) = 4 \cdot x^{4-1} = 4 \cdot x^3$$

2. $g(x) = \sqrt{x} = x^{\frac{1}{2}}$
   $$g'(x) = \frac{1}{2} \cdot x^{\frac{1}{2}-1} = \frac{1}{2} \cdot x^{-\frac{1}{2}} = \frac{1}{2\sqrt{x}}$$

3. $h(x) = \frac{1}{x} = x^{-1}$
   $$h'(x) = (-1) \cdot x^{-1-1} = -x^{-2} = -\frac{1}{x^2}$$

Weitere Grundfunktionen:

$f(x) = c$ mit $c \in \mathbb{R}$ $\Rightarrow$ $f'(x) = 0$

$f(x) = \sin x$ $\Rightarrow$ $f'(x) = \cos x$

$f(x) = \cos x$ $\Rightarrow$ $f'(x) = -\sin x$

$f(x) = \tan x$ $\Rightarrow$ $f'(x) = 1 + (\tan x)^2$

$f(x) = e^x$ $\Rightarrow$ $f'(x) = e^x$

$f(x) = \ln x$ $\Rightarrow$ $f'(x) = \frac{1}{x}$

Ableitungsregeln

Zum Ableiten komplexerer Funktionen benötigt man weitere Regeln.

Faktorregel

$f(x) = a \cdot u(x)$ mit $a \in \mathbb{R}$ $\Rightarrow$ $f'(x) = a \cdot u'(x)$

Summenregel

$f(x) = u(x) + v(x)$ $\Rightarrow$ $f'(x) = u'(x) + v'(x)$

Produktregel

$f(x) = u(x) \cdot v(x)$ $\Rightarrow$ $f'(x) = u'(x) \cdot v(x) + u(x) \cdot v'(x)$

Quotientenregel

$f(x) = \frac{u(x)}{v(x)}$ $\Rightarrow$ $f'(x) = \frac{u'(x) \cdot v(x) - u(x) \cdot v'(x)}{(v(x))^2}$

Kettenregel

$f(x) = u(v(x))$ $\Rightarrow$ $f'(x) = u'(v(x)) \cdot v'(x)$

Faktorregel

$f(x) = 5 \cdot \cos x$

$f'(x) = 5 \cdot (-\sin x) = -5 \cdot \sin x$

Summenregel

$f(x) = \ln x + \sqrt{x}$

$f'(x) = \frac{1}{x} + \frac{1}{2\sqrt{x}}$

Produktregel

$f(x) = x \cdot e^x$

$f'(x) = 1 \cdot e^x + x \cdot e^x = e^x(1+x)$

Quotientenregel

$f(x) = \frac{4-x^2}{2x-1}$

$f'(x) = \frac{-2x \cdot (2x-1) - (4-x^2) \cdot 2}{(2x-1)^2} = \frac{-4x^2 + 2x - 8 + 2x^2}{(2x-1)^2} = \frac{-2x^2 + 2x - 8}{(2x-1)^2}$

Kettenregel

$f(x) = \sin(x^2 - 3x)$

$f'(x) = \cos(x^2 - 3x) \cdot (2x - 3)$

5 Elemente der Kurvendiskussion, Anwendungen der Ableitung

Mithilfe der Ableitung können Funktionen auf bestimmte Eigenschaften untersucht und Rückschlüsse auf den Verlauf des Funktionsgraphen gezogen werden. Die 1. Ableitung bestimmt dabei die Steigung der Funktion, die 2. Ableitung ihre Krümmung.

5.1 Monotonieverhalten, Extrem- und Terrassenpunkte

Die Monotonie beschreibt das Steigungsverhalten einer Funktion.

Monotoniekriterium

$f'(x) < 0$ im Intervall I $\Rightarrow$ Der Graph G_f fällt streng monoton in I.

$f'(x) > 0$ im Intervall I $\Rightarrow$ Der Graph G_f steigt streng monoton in I.

Extremstellen und Terrassenstellen sind Stellen (x-Werte), an denen der Graph einer Funktion die Steigung null und damit eine waagrechte Tangente besitzt. Ändert sich an dieser Stelle das Monotonieverhalten (von steigend zu fallend oder umgekehrt), liegt ein Extrempunkt vor, andernfalls ein Terrassenpunkt.

Art von Extremwerten

Ist $f'(x_0) = 0$ und wechselt f' an der Stelle x_0 das Vorzeichen, so hat der Graph G_f an dieser Stelle einen Extrempunkt.

VZW von $-$ nach $+$: lokales Minimum bei x_0 (Tiefpunkt)

VZW von $+$ nach $-$: lokales Maximum bei x_0 (Hochpunkt)

kein VZW: Terrassenpunkt

Bemerkung: Ist eine Funktion nur auf einem Teilbereich von $\mathbb{R}$ definiert, kann der maximale bzw. minimale Wert auch am Rand dieses Bereichs angenommen werden (Randextremum). Da dies keine Hoch- bzw. Tiefpunkte im eigentlichen Sinne sind, werden sie nicht durch das obige Kriterium erfasst. Dies muss insbesondere bei Extremwertproblemen berücksichtigt werden.

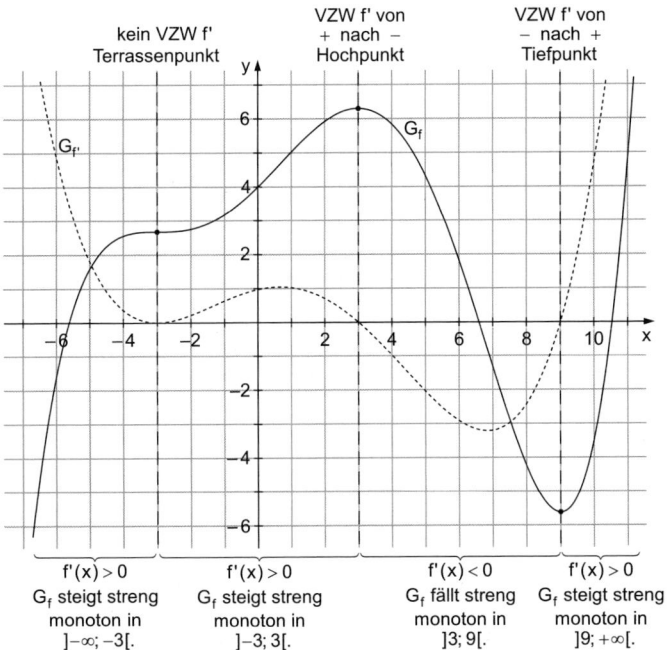

Bestimmung des Monotonieverhaltens und der Extrempunkte mithilfe einer Monotonietabelle

Vorgehensweise

Schritt 1: 1. Ableitung von f bestimmen

Schritt 2: Nullstellen der 1. Ableitung berechnen, d. h. Lösen der Gleichung $f'(x) = 0$

Schritt 3: Für jede Nullstelle x_0 der 1. Ableitung überprüfen, ob $f'(x)$ beim Fortschreiten von links nach rechts über die Nullstelle hinweg das Vorzeichen wechselt

− nach + : lokales Minimum bei x_0
+ nach − : lokales Maximum bei x_0
kein VZW: Terrassenpunkt

 $f(x) = x - \ln x; \quad \mathbb{D}_f = \mathbb{R}^+$

Schritt 1:

$$f'(x) = 1 - \frac{1}{x}$$

Schritt 2:

$$f'(x) = 0$$
$$\Leftrightarrow \quad 1 - \frac{1}{x} = 0$$
$$\Leftrightarrow \qquad 1 = \frac{1}{x} \quad \mid \cdot x$$
$$\Leftrightarrow \qquad x = 1$$

Schritt 3:

Monotonietabelle

	$0 < x < 1$	$x = 1$	$x > 1$
$f'(x)$	−		+
G_f	fällt		steigt
	↘	Minimum	↗

f fällt streng monoton in $]0; 1[$ und steigt streng monoton in $]1; +\infty[$.
$\Rightarrow \; G_f$ hat den Tiefpunkt $(1 \mid f(1)) = (1 \mid 1)$.

Bestimmung der Extrempunkte mithilfe der 2. Ableitung

Alternativ kann die Art der Extrempunkte mithilfe der 2. Ableitung bestimmt werden. Allerdings lässt sich bei diesem Vorgehen kein direkter Rückschluss auf einen Terrassenpunkt ziehen.

Art von Extremwerten *(alternatives Kriterium)*
Ist $f'(x_0) = 0$ und $f''(x_0) > 0$, so hat der Graph G_f an der Stelle x_0 ein lokales Minimum (Tiefpunkt).
Ist $f'(x_0) = 0$ und $f''(x_0) < 0$, so hat der Graph G_f an der Stelle x_0 ein lokales Maximum (Hochpunkt).

Vorgehensweise
Schritt 1: 1. und 2. Ableitung von f bestimmen
Schritt 2: Nullstellen der 1. Ableitung berechnen, d. h. Lösen der Gleichung $f'(x) = 0$
Schritt 3: Für jede Nullstelle x_0 der 1. Ableitung den Funktionswert $f''(x_0)$ berechnen und das Ergebnis auswerten
$f''(x_0) > 0$: lokales Minimum bei x_0
$f''(x_0) < 0$: lokales Maximum bei x_0
$f''(x_0) = 0$: Terrassenpunkt *möglich*

$f(x) = x - \ln x; \quad \mathbb{D}_f = \mathbb{R}^+$
Schritt 1:
$f'(x) = 1 - \frac{1}{x} = 1 - x^{-1}$

$f''(x) = 0 - (-1) \cdot x^{-2} = \frac{1}{x^2}$

Schritt 2:
$f'(x) = 0 \iff 1 - \frac{1}{x} = 0 \iff x = 1$ (vgl. S. 20)

Schritt 3:
$f''(1) = \frac{1}{1^2} = 1 > 0 \implies$ lokales Minimum bei $x = 1$

$\implies G_f$ hat den Tiefpunkt $(1 \mid f(1)) = (1 \mid 1)$.

5.2 Krümmungsverhalten, Wendepunkte

Graphenkrümmung

$f''(x) < 0$ im Intervall I $\Rightarrow$ Der Graph G_f ist in I rechtsgekrümmt.

$f''(x) > 0$ im Intervall I $\Rightarrow$ Der Graph G_f ist in I linksgekrümmt.

Wendestellen sind Stellen (x-Werte), an denen der Graph einer Funktion seine Krümmung wechselt (von einer Links- in eine Rechtskurve oder umgekehrt).

Wendepunkte

Ist $f''(x_0) = 0$ und wechselt f'' an der Stelle x_0 das Vorzeichen, so hat der Graph G_f an dieser Stelle einen Wendepunkt.

Ein Terrassenpunkt ist ein Wendepunkt mit waagrechter Tangente (vgl. Abschnitt 5.1).

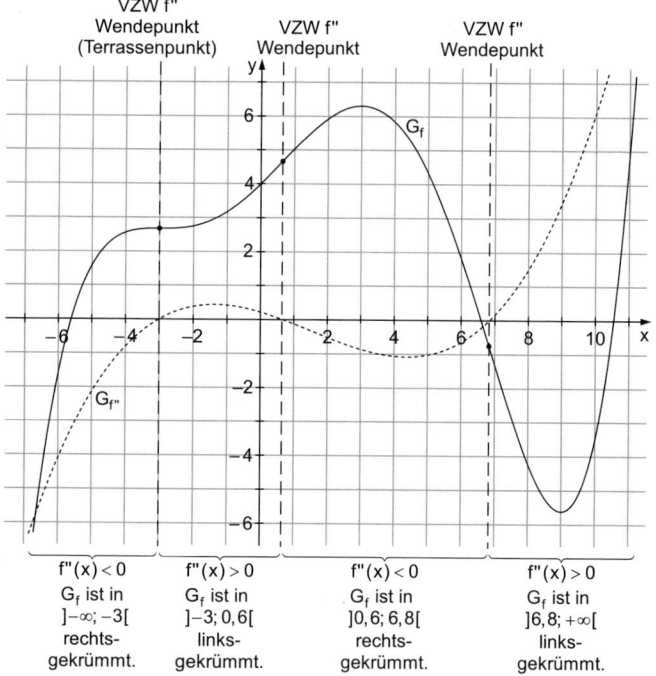

Bestimmung des Krümmungsverhaltens und der Wendepunkte mithilfe einer Krümmungstabelle

Vorgehensweise

Schritt 1: 1. und 2. Ableitung von f bestimmen

Schritt 2: Nullstellen der 2. Ableitung berechnen, d. h. Lösen der Gleichung $f''(x) = 0$

Schritt 3: Für jede Nullstelle x_0 der 2. Ableitung überprüfen, ob $f''(x)$ beim Fortschreiten von links nach rechts über die Nullstelle hinweg das Vorzeichen wechselt

bei VZW: Wendepunkt

kein VZW: kein Wendepunkt

$f(x) = x \cdot e^x$; $\mathbb{D}_f = \mathbb{R}$

Schritt 1:

$f'(x) = 1 \cdot e^x + x \cdot e^x = e^x(1+x)$

$f''(x) = e^x \cdot (1+x) + e^x \cdot 1 = e^x(2+x)$

Schritt 2:

$$f''(x) = 0$$
$$\Leftrightarrow \quad e^x(2+x) = 0$$
$$\Leftrightarrow \qquad 2+x = 0 \qquad \text{da } e^x > 0 \text{ für alle } x \in \mathbb{R}$$
$$\Leftrightarrow \qquad\qquad x = -2$$

Schritt 3:

Krümmungstabelle

	$x < -2$	$x = -2$	$x > -2$
e^x	$+$		$+$
$2+x$	$-$		$+$
$f''(x)$	$-$		$+$
G_f	rechtsgekrümmt		linksgekrümmt

Wendepunkt

G_f ist in $]-\infty; -2[$ rechtsgekrümmt und in $]-2; +\infty[$ linksgekrümmt.

$\Rightarrow$ G_f hat den Wendepunkt $(-2 \mid f(-2)) = (-2 \mid -2e^{-2})$.

Bestimmung der Wendepunkte mithilfe der 3. Ableitung

Alternativ kann die Bestimmung der Wendepunkte mithilfe der 3. Ableitung erfolgen. Allerdings lässt sich bei diesem Vorgehen das Krümmungsverhalten nicht unmittelbar angeben.

Wendepunkte *(alternatives Kriterium)*
Ist $f''(x_0) = 0$ und $f'''(x_0) \neq 0$, so hat der Graph G_f an der Stelle x_0 einen Wendepunkt.

Vorgehensweise

Schritt 1: 1., 2. und 3. Ableitung von f bestimmen

Schritt 2: Nullstellen der 2. Ableitung berechnen, d. h. Lösen der Gleichung $f''(x) = 0$

Schritt 3: Für jede Nullstelle x_0 der 2. Ableitung den Funktionswert $f'''(x_0)$ berechnen und das Ergebnis auswerten
$f'''(x_0) \neq 0$: Wendepunkt
$f'''(x_0) = 0$: keine Aussage möglich

$f(x) = x \cdot e^x$; $\quad \mathbb{D}_f = \mathbb{R}$

Schritt 1:
$$f'(x) = 1 \cdot e^x + x \cdot e^x = e^x(1 + x)$$
$$f''(x) = e^x \cdot (1 + x) + e^x \cdot 1 = e^x(2 + x)$$
$$f'''(x) = e^x \cdot (2 + x) + e^x \cdot 1 = e^x(3 + x)$$

Schritt 2:
$$f''(x) = 0 \quad \Leftrightarrow \quad e^x(2 + x) = 0 \quad \Leftrightarrow \quad x = -2 \quad \text{(vgl. S. 23)}$$

Schritt 3:
$$f'''(-2) = e^{-2}(3 - 2) = e^{-2} \neq 0$$
$$\Rightarrow \quad G_f \text{ hat den Wendepunkt } (-2 \mid f(-2)) = (-2 \mid -2e^{-2}).$$

Bemerkung: Je nach Operator in der Aufgabenstellung können die Extrem- und Wendepunkte mit einem GTR/CAS auch grafisch ermittelt werden.

5.3 Extremwertaufgaben

Bei Extremwertaufgaben geht es darum, die Voraussetzungen, unter denen eine bestimmte Größe extrem, d. h. maximal oder minimal wird, zu ermitteln. Meist wird zudem die Berechnung dieses größten bzw. kleinsten Werts gefordert.

Vorgehensweise

Schritt 1: Größe, für die ein Extremwert berechnet werden soll, als Funktion in Abhängigkeit der relevanten Variablen aufstellen ($\hat{=}$ Zielfunktion)

Schritt 2: Im Aufgabentext nach Nebenbedingungen suchen und Zusammenhänge zwischen den in der Zielfunktion enthaltenen Variablen herstellen, um die Zielfunktion in Abhängigkeit von nur einer Variablen zu erhalten (Falls die in Schritt 1 aufgestellte Funktion bereits von nur einer Variablen abhängig ist, wird keine Nebenbedingung benötigt und Schritt 2 kann ausgelassen werden.)

Schritt 3: Eine bez. der Fragestellung sinnvolle Definitionsmenge für die Zielfunktion festlegen

Schritt 4: Mit den üblichen Mitteln das Maximum bzw. Minimum der Zielfunktion berechnen

Für den Quader im Bild rechts soll ein Kantenmodell aus Draht gebastelt werden. Dafür steht ein Drahtstück der Länge 84 cm zur Verfügung, das vollständig verbraucht werden soll.

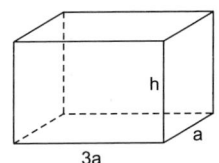

Bestimmen Sie die Maße des Quaders, für die sein Volumen maximal wird, und geben Sie dieses Volumen an.

Schritt 1:
Die Zielfunktion gibt das Volumen des Quaders an:
$$V(a, h) = 3a \cdot a \cdot h = 3a^2 h$$

Schritt 2:

Als Nebenbedingung beträgt die Summe aller Kantenlängen 84 cm:

$$4 \cdot 3a + 4 \cdot a + 4 \cdot h = 84$$

$\Leftrightarrow \qquad 16a + 4h = 84$

$\Leftrightarrow \qquad 4h = 84 - 16a$

$\Leftrightarrow \qquad h = 21 - 4a \quad (*)$

Einsetzen in die Zielfunktion:

$$V(a) = 3a^2(21 - 4a) = 63a^2 - 12a^3$$

Schritt 3:

Da a und h Längen sind, gilt $a > 0$ und $h > 0$. Aus Letzterem und der Nebenbedingung (*) folgt: $h = 21 - 4a > 0 \quad \Leftrightarrow \quad 21 > 4a \quad \Leftrightarrow \quad a < 5,25$

Eine sinnvolle Definitionsmenge für die Zielfunktion $V(a)$ ist also:

$$\mathbb{D}_V = \,]0; 5,25[$$

Schritt 4:

Das Maximum der Zielfunktion ergibt sich wie in Abschnitt 5.1 beschrieben:

$$V'(a) = 126a - 36a^2 = 0$$

$\Leftrightarrow \quad a \cdot (126 - 36a) = 0$

$\Leftrightarrow \quad a = 0 \ (\notin \mathbb{D}_V) \ \text{oder} \ a = 3,5$

$\left. \begin{array}{l} V'(a) > 0 \ \text{für} \ 0 < a < 3,5 \\ V'(a) < 0 \ \text{für} \ a > 3,5 \end{array} \right\} \Rightarrow \text{Maximum}$

Für den Wert $a = 3,5$ wird das Volumen des Quaders maximal.

Der Quader ist dann 3,5 cm breit, 10,5 cm lang und 7 cm hoch.

Das maximale Volumen beträgt $V(3,5) = 257,25 \, \text{cm}^3$.

6 Stammfunktion und unbestimmtes Integral

6.1 Stammfunktion

Eine Funktion F ist Stammfunktion der Funktion f, wenn gilt:
$F'(x) = f(x)$

1. Bestimmen Sie eine Stammfunktion F von $f(x) = 4x^3 - 2x$.

$F(x) = x^4 - x^2$, denn $F'(x) = 4x^3 - 2x = f(x)$

2. Die folgende Abbildung zeigt den Graphen G_f der Funktion f.
Zeichnen Sie den Graphen G_F einer Stammfunktion F von f.

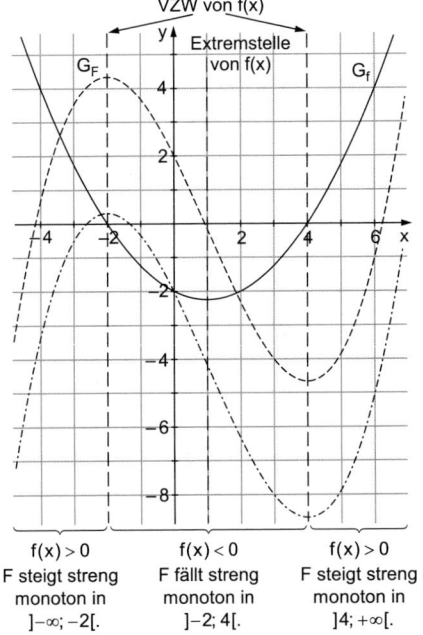

Es bestehen folgende
Zusammenhänge:

- Vorzeichen von f
  $\Rightarrow$ Steigung von F
- Nullstellen von f
  mit VZW
  $\Rightarrow$ Extrema von F
- Extremstellen von f
  $\Rightarrow$ Wendestellen
  von F

$f(x) > 0$	$f(x) < 0$	$f(x) > 0$
F steigt streng monoton in $]-\infty; -2[$.	F fällt streng monoton in $]-2; 4[$.	F steigt streng monoton in $]4; +\infty[$.

Bemerkung: Eine Verschiebung von G_F nach oben oder unten hat keinen Einfluss auf den Verlauf des Graphen G_f (konstantes Glied fällt beim Ableiten weg). Es sind also unendlich viele Stammfunktionen möglich.

6.2 Unbestimmtes Integral

Das unbestimmte Integral einer Funktion f ist die Menge aller Stammfunktionen dieser Funktion:

$$\int f(x)\,dx = F(x) + C; \quad C \in \mathbb{R}$$

Dabei gilt stets: $F'(x) = f(x)$

Wichtige unbestimmte Integrale

Elementare Stammfunktionen:

$$\int x^r\,dx = \frac{x^{r+1}}{r+1} + C; \quad r \neq -1 \qquad \int \frac{1}{x}\,dx = \ln|x| + C$$

$$\int \sin x\,dx = -\cos x + C \qquad \int \cos x\,dx = \sin x + C$$

$$\int e^x\,dx = e^x + C \qquad \int \ln x\,dx = -x + x \cdot \ln x + C$$

Integrationsregeln:

(1) $\int \frac{f'(x)}{f(x)}\,dx = \ln|f(x)| + C$ \qquad (logarithmische Integration)

(2) $\int f'(x) \cdot e^{f(x)}\,dx = e^{f(x)} + C$

(3) $\int f(ax+b)\,dx = \frac{1}{a} \cdot F(ax+b) + C$, wobei F Stammfunktion von f ist.

(lineare Substitution)

1. $\int (5x^3 - 3x + \sin x)\,dx = 5 \cdot \frac{x^4}{4} - 3 \cdot \frac{x^2}{2} + (-\cos x) + C$

$$= \frac{5}{4}x^4 - \frac{3}{2}x^2 - \cos x + C$$

2. $\int \frac{2}{2x-7}\,dx = \ln|2x-7| + C$

Regel (1) mit $f(x) = 2x - 7$ und $f'(x) = 2$

3. $\int \cos(-2x+5)\,dx = \frac{1}{-2} \cdot \sin(-2x+5) + C = -\frac{1}{2}\sin(-2x+5) + C$

Regel (3) mit $f(x) = \cos x$, $F(x) = \sin x$ und $a = -2$, $b = 5$

7 Bestimmtes Integral, Flächen- und Volumenberechnung

7.1 Bestimmtes Integral

Das bestimmte Integral ist eine Zahl. Sie drückt die **Flächenbilanz** der Flächen aus, die der Graph G_f einer Funktion f im Intervall [a; b] mit der x-Achse einschließt.

$$\int_a^b f(x)\,dx = \left[F(x)\right]_a^b = F(b) - F(a), \quad \text{wobei F Stammfunktion von f ist.}$$

Gilt für die Integrationsgrenzen $a < b$, dann gehen Flächen oberhalb der x-Achse positiv in die Bilanz ein und Flächen unterhalb der x-Achse negativ:

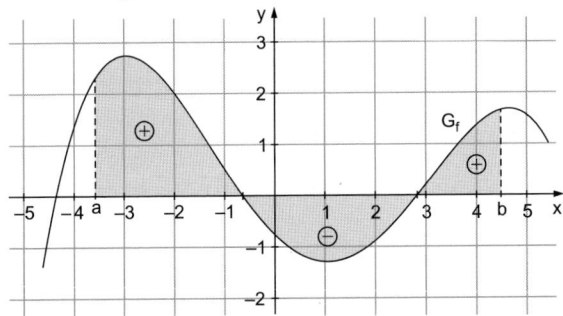

Flächenbilanz

$\oplus > \ominus$:   bestimmtes Integral > 0

$\oplus = \ominus$:   bestimmtes Integral $= 0$

$\oplus < \ominus$:   bestimmtes Integral < 0

Eigenschaften des bestimmten Integrals

1. $\displaystyle\int_a^a f(x)\,dx = 0$

2. $\displaystyle\int_a^b f(x)\,dx = -\int_b^a f(x)\,dx$

3. $\displaystyle\int\limits_{a}^{b} k \cdot f(x)\,dx = k \cdot \int\limits_{a}^{b} f(x)\,dx,$ wobei $k \in \mathbb{R}$

4. $\displaystyle\int\limits_{a}^{b} \big(f(x) \pm g(x)\big)\,dx = \int\limits_{a}^{b} f(x)\,dx \pm \int\limits_{a}^{b} g(x)\,dx$

5. $\displaystyle\int\limits_{a}^{b} f(x)\,dx = \int\limits_{a}^{c} f(x)\,dx + \int\limits_{c}^{b} f(x)\,dx,$ wobei $a < c < b$

7.2 Flächenberechnung

Berechnung des Flächeninhalts zwischen Graph und x-Achse

Zur Berechnung des Inhalts der vom Graphen der Funktion f und der x-Achse im Intervall [a; b] eingeschlossenen Fläche muss in diesem Bereich über f(x) integriert werden. Dabei müssen die Teilflächen ober- und unterhalb der x-Achse getrennt betrachtet werden.

Vorgehensweise
Schritt 1: Nullstellen x_1, x_2, ..., x_n von f im Intervall [a; b] berechnen: $f(x) = 0$ mit $a < x < b$

Schritt 2: Inhalt A der Fläche zwischen G_f und x-Achse $\triangleq$ Summe der Beträge der Einzelintegrale über f(x)

$$A = \left| \int\limits_{a}^{x_1} f(x)\,dx \right| + \left| \int\limits_{x_1}^{x_2} f(x)\,dx \right| + \ldots + \left| \int\limits_{x_n}^{b} f(x)\,dx \right|$$

Bestimmen Sie die Fläche, die von der x-Achse und dem Graphen der Funktion $f(x) = x^3 - 3x^2$ im Intervall $[-2; 2]$ eingeschlossen wird.

Schritt 1: Bestimmung der Nullstellen

$$f(x) = 0$$
$$\Leftrightarrow \quad x^3 - 3x^2 = 0$$
$$\Leftrightarrow \quad x^2(x-3) = 0$$
$$\Leftrightarrow \quad x_1 = 0 \ \text{(doppelte Nullstelle)} \ \text{oder} \ x_2 = 3 \notin [-2; 2]$$

Schritt 2: Berechnung der Fläche

$$A = \left| \int_{-2}^{0} f(x)\,dx \right| + \left| \int_{0}^{2} f(x)\,dx \right|$$

$$= \left| \left[\tfrac{1}{4}x^4 - x^3 \right]_{-2}^{0} \right| + \left| \left[\tfrac{1}{4}x^4 - x^3 \right]_{0}^{2} \right|$$

$$= \left| 0 - (4+8) \right| + \left| (4-8) - 0 \right|$$

$$= 12 + 4 = 16$$

 Bemerkung: Mit einem GTR/CAS kann der Flächeninhalt auch ohne vorherige Bestimmung der Nullstellen berechnet werden, indem über die Betragsfunktion $|f(x)|$ vom Anfang bis zum Ende des Integrationsintervalls integriert wird:

$$A = \int_{a}^{b} |f(x)|\,dx$$

Berechnung des Flächeninhalts zwischen zwei Graphen

Zur Berechnung des Inhalts der von den Graphen zweier Funktionen f und g im Intervall $[a; b]$ eingeschlossenen Fläche muss über die Differenz von $f(x)$ und $g(x)$ integriert werden. Dabei ist es egal, ob die eingeschlossene Fläche ober- bzw. unterhalb der x-Achse liegt, allerdings müssen hier die Teilflächen zwischen den Schnittstellen der beiden Graphen getrennt betrachtet werden.

Vorgehensweise

Schritt 1: Schnittstellen x_1, x_2, …, x_n von G_f und G_g im Intervall $[a; b]$ berechnen: $f(x) = g(x)$ mit $a < x < b$

Schritt 2: Inhalt A der Fläche zwischen G_f und $G_g \stackrel{\triangle}{=}$ Summe der Beträge der Einzelintegrale über die Differenzfunktion $d(x) = f(x) - g(x)$

$$A = \left| \int_a^{x_1} d(x)\,dx \right| + \left| \int_{x_1}^{x_2} d(x)\,dx \right| + \dots + \left| \int_{x_n}^{b} d(x)\,dx \right|$$

Dabei spielt es keine Rolle, ob der Graph G_f oberhalb des Graphen G_g liegt oder umgekehrt.

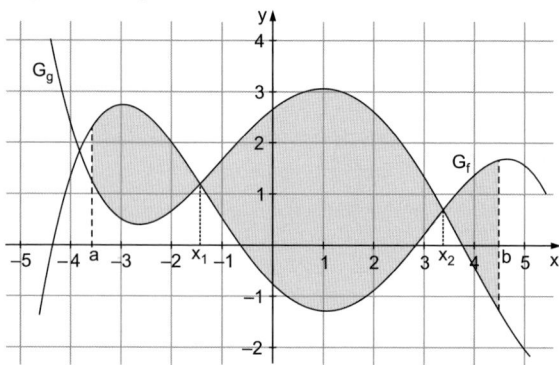

 Bemerkung: Mit einem GTR/CAS kann der Flächeninhalt auch hier ohne vorherige Bestimmung der Schnittstellen berechnet werden:

$$A = \int_a^b |d(x)|\,dx$$

 Gegeben sind die Funktionen
$f(x) = -x^2 + 6x - 5$ und
$g(x) = x^2 - 4x + 3$.
Ihre Graphen G_f und G_g sind
in der nebenstehenden Abbildung skizziert.
Berechnen Sie den Inhalt der
grau getönten Fläche.

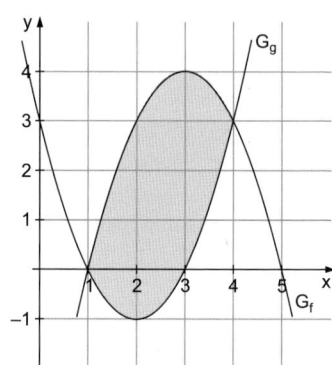

Integrationsgrenzen:

Entsprechen den Schnittstellen von G_f und G_g.

$$f(x) = g(x) \iff -x^2 + 6x - 5 = x^2 - 4x + 3$$

$$\iff 2x^2 - 10x + 8 = 0$$

$$\iff x_{1/2} = \frac{10 \pm \sqrt{10^2 - 4 \cdot 2 \cdot 8}}{2 \cdot 2}$$

$$\iff x_{1/2} = \frac{10 \pm 6}{4}$$

$$\iff x_1 = 1 \text{ und } x_2 = 4$$

Flächeninhalt:

$$A = \left| \int_1^4 \left(-x^2 + 6x - 5 - (x^2 - 4x + 3) \right) dx \right|$$

$$= \left| \left[\frac{-2}{3} x^3 + \frac{10}{2} x^2 - 8x \right]_1^4 \right|$$

$$= \left| \frac{-2}{3} \cdot 4^3 + \frac{10}{2} \cdot 4^2 - 8 \cdot 4 - \left(\frac{-2}{3} \cdot 1^3 + \frac{10}{2} \cdot 1^2 - 8 \cdot 1 \right) \right|$$

$$= \left| -\frac{128}{3} + 80 - 32 + \frac{2}{3} - 5 + 8 \right| = 9$$

7.3 Volumenberechnung

Volumen von Rotationskörpern

Rotiert der Graph einer Funktion f über dem Intervall [a; b] um die x-Achse, so entsteht ein Rotationskörper mit folgendem Volumen:

$$V = \pi \cdot \int_a^b (f(x))^2 \, dx$$

 Der Graph der Funktion $f(x) = x^{\frac{2}{3}}$, $x \in [0; 8]$ rotiert um die x-Achse. Berechnen Sie das Volumen des Rotationskörpers.

$$V = \pi \cdot \int_0^8 \left(x^{\frac{2}{3}} \right)^2 dx = \pi \cdot \int_0^8 x^{\frac{4}{3}} \, dx = \pi \cdot \left[\frac{3}{7} \cdot x^{\frac{7}{3}} \right]_0^8 = \pi \cdot \left(\frac{3}{7} \cdot 8^{\frac{7}{3}} - 0 \right)$$

$$\approx 172,3$$

8 Integralfunktion

Eine Funktion der Form

$$I_a(x) = \int_a^x f(t)\,dt$$

mit einer festen unteren Grenze $a \in \mathbb{D}_f$ und einer variablen oberen Grenze heißt Integralfunktion von f. Es gilt:

$$I_a(x) = \int_a^x f(t)\,dt = F(x) - F(a), \quad \text{wobei F Stammfunktion von f ist.}$$

Hauptsatz der Differenzial- und Integralrechnung

Jede Integralfunktion $I_a(x)$ von f ist eine (durch a festgelegte) Stammfunktion aus der Menge $\int f(x)\,dx = F(x) + C$ aller Stammfunktionen von f, denn es gilt: $I_a'(x) = F'(x) = f(x)$

Wichtige Eigenschaften

Auch ohne die Integralfunktion integralfrei darzustellen, kann man bereits einige wichtige Eigenschaften angeben.

1. $I_a(x)$ hat mindestens eine Nullstelle, nämlich bei $x = a$:

$$I_a(a) = \int_a^a f(t)\,dt = 0$$

2. $I_a'(x) = f(x) \implies$ Nullstellen von $f(x) \triangleq$ Extremstellen oder Terrassenstellen von $I_a(x)$

3. $I_a''(x) = f'(x) \implies$ Extremstellen von $f(x) \triangleq$ Wendestellen von $I_a(x)$

Vergleich

$\int f(x)\,dx$: Unbestimmtes Integral; keine Grenzen; eine Menge von Funktionen: $F(x) + C$

$\int_a^x f(t)\,dt$: Integralfunktion; feste untere Grenze a; eine Funktion: $F(x) - F(a)$

$\int_a^b f(x)\,dx$: Bestimmtes Integral; zwei Grenzen a und b; eine Zahl: $F(b) - F(a)$

1. Gegeben ist die Integralfunktion $I_1(x) = \int\limits_1^x (-t + 2)\, dt$. Berechnen Sie eine integralfreie Darstellung.

$$I_1(x) = \int\limits_1^x (-t + 2)\, dt = \left[-\frac{1}{2}t^2 + 2t \right]_1^x$$

$$= -\frac{1}{2}x^2 + 2x - \left(-\frac{1}{2} \cdot 1^1 + 2 \cdot 1 \right) = -\frac{1}{2}x^2 + 2x - \frac{3}{2}$$

2. Die Skizze zeigt den Graphen einer linearen Funktion f.

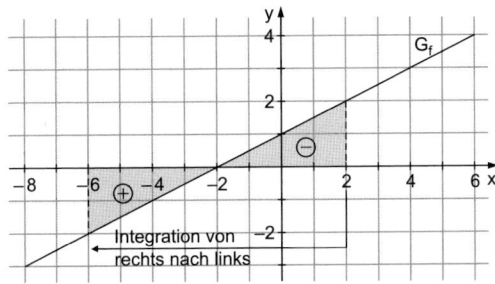

Bestimmen Sie ohne Rechnung alle Nullstellen der Integralfunktion $I_2(x) = \int\limits_2^x f(t)\, dt$.

Erste Nullstelle: $x_1 = 2$ (untere Integrationsgrenze)

Zweite Nullstelle: $x_2 = -6$ (Flächenbilanz von $I_2(x)$ ist an dieser Stelle 0, vgl. Skizze)

Begründung:

$I_2(x) \triangleq$ bestimmtes Integral der Funktion f von 2 bis x

$\triangleq$ Flächenbilanz zwischen G_f und x-Achse im Intervall $]2; x[$

Integration von $x = 2$ nach rechts: nur positiver Beitrag zur Flächenbilanz $\Rightarrow$ keine weiteren Nullstellen

Integration von $x = 2$ nach links: zuerst negativer Beitrag zur Flächenbilanz bis $x = -2$, ab dann positiver Beitrag

$\Rightarrow$ bei $x = -6$ ist die Flächenbilanz 0

$\Rightarrow$ $x_2 = -6$ zweite Nullstelle

$\Rightarrow$ keine weiteren Nullstellen

Analytische Geometrie/Lineare Algebra

1 Lineare Gleichungssysteme

Lineare Gleichungssysteme und deren Lösbarkeit spielen bei Fragestellungen der analytischen Geometrie, insbesondere bei der Untersuchung von Lagebeziehungen (WPG 2) sowie bei Anwendungs-
aufgaben zu Matrizen (WPG 1), eine große Rolle.

Ein lineares Gleichungssystem (LGS) besitzt die folgende Form:

$$a_{11}x_1 + a_{12}x_2 + \dots + a_{1n}x_n = b_1$$
$$a_{21}x_1 + a_{22}x_2 + \dots + a_{2n}x_n = b_2$$
$$\vdots \quad \vdots \quad \vdots \quad \vdots \quad \quad \vdots \quad \vdots \quad \vdots$$
$$a_{m1}x_1 + a_{m2}x_2 + \dots + a_{mn}x_n = b_m$$

Sind alle b_i für $i = 1, \dots, m$ gleich null, so spricht man von einem homo-
genen LGS, ansonsten von einem inhomogenen LGS.

1.1 Lösung linearer Gleichungssysteme

Ein lineares Gleichungssystem kann man beispielsweise lösen, indem
man die Anzahl der Zeilen und die Anzahl der Variablen stufenweise
reduziert. Am Ende erhält man dann eine eindeutige Lösung, keine
Lösung oder unendlich viele Lösungen.

1. I $\quad -x_1 + x_2 - 2x_3 = -3$
   II $\quad x_1 + x_2 + 2x_3 = 3$
   III $\quad 2x_1 - x_2 - x_3 = 2$

   II' $= $ II $+$ I : $\quad\quad 2x_2 = 0 \quad \Leftrightarrow \quad x_2 = 0$

   III' $= $ III $+ 2 \cdot$ I : $x_2 - 5x_3 = -4$

   $x_2 = 0$ in III' : $\quad 0 - 5x_3 = -4 \quad \Leftrightarrow \quad x_3 = 0{,}8$

   $x_2 = 0$ und $x_3 = 0{,}8$ in I :
   $-x_1 + 0 - 2 \cdot 0{,}8 = -3 \quad \Leftrightarrow \quad x_1 = 1{,}4$

Das Gleichungssystem besitzt die eindeutige Lösung $(1{,}4 \,|\, 0 \,|\, 0{,}8)$.

2. I $\quad -x_1 + x_2 - 2x_3 = 3$
   II $\quad\quad\quad x_1 + x_2 = 1$
   III $\quad 2x_1 - x_2 + 3x_3 = 0$

   I' = I + III: $\quad x_1 + x_3 = 3$
   II' = II + III: $\quad 3x_1 + 3x_3 = 1$

   I'' = 3 · I' − II': $\quad 0 = 8 \quad$ (Widerspruch)

   Das Gleichungssystem hat keine Lösung.

3. I $\quad -x_1 + x_2 - 2x_3 = -3$
   II $\quad\quad\quad x_1 + x_2 = -1$
   III $\quad 2x_1 - x_2 + 3x_3 = 4$

   I' = I + III: $\quad x_1 + x_3 = 1$
   II' = II + III: $\quad 3x_1 + 3x_3 = 3$

   II'' = II' − 3 · I': $\quad 0 = 0 \quad$ (wahre Aussage)

   I' auflösen nach x_1: $x_1 = 1 - x_3$

   Einsetzen in III:
   $$2(1 - x_3) - x_2 + 3x_3 = 4$$
   $$2 - 2x_3 - x_2 + 3x_3 = 4$$
   $$x_2 = x_3 - 2$$

   Das Gleichungssystem besitzt mit $(1 - x_3 \mid x_3 - 2 \mid x_3)$, $x_3 \in \mathbb{R}$ unendlich viele Lösungen.

Bemerkung: Je nach Operator in der Aufgabenstellung kann das lineare Gleichungssystem auch mit einem GTR/CAS gelöst werden.

1.2 Lösung unterbestimmter Gleichungssysteme

Besitzt ein lineares Gleichungssystem weniger Gleichungen als Variablen, so liegt ein **unterbestimmtes Gleichungssystem** vor.

Das Gleichungssystem wird nach so vielen Variablen aufgelöst, wie Gleichungen vorhanden sind. Die anderen Variablen werden als Parameter aufgefasst und die Lösung in Abhängigkeit dieser Parameter angegeben.

I $\quad x_1 + x_2 + 2x_3 = 12$
II $\quad 5x_1 - x_2 + x_3 = 6$

I' $= 5\cdot I - II$: $\quad 6x_2 + 9x_3 = 54 \quad \Leftrightarrow \quad x_2 = 9 - 1,5x_3$
II' $= II + I$: $\quad 6x_1 + 3x_3 = 18 \quad \Leftrightarrow \quad x_1 = 3 - 0,5x_3$

Mit $x_3 = r$ erhält man die Lösungen $(3 - 0,5r \mid 9 - 1,5r \mid r)$ mit $r \in \mathbb{R}$.

1.3 Lösung überbestimmter Gleichungssysteme

Besitzt ein Gleichungssystem mehr Gleichungen als Variablen, so handelt es sich um ein **überbestimmtes Gleichungssystem**.

Anhand so vieler Gleichungen, wie Variablen vorhanden sind, wird das Gleichungssystem gelöst. Anschließend wird mit den restlichen Gleichungen jeweils eine Probe durchgeführt. Ergeben sich wahre Aussagen, so geben die berechneten Variablen die Lösung des Gleichungssystems an, anderenfalls ist das Gleichungssystem nicht lösbar.

1. I $\quad x_1 - x_2 = -1$
   II $\quad -6x_1 = -6 \quad \Leftrightarrow \quad x_1 = 1$
   III $\quad 2x_1 + x_2 = 4$

   $x_1 = 1$ in I:
   $1 - x_2 = -1 \quad \Leftrightarrow \quad x_2 = 2$

   Probe mit III:
   $2\cdot 1 + 2 = 4$ (wahre Aussage)

   Das Gleichungssystem besitzt die Lösung $(1 \mid 2)$.

2. I $\quad x_1 - x_2 = -1$
   II $\quad -6x_1 = -6 \quad \Leftrightarrow \quad x_1 = 1$
   III $\quad 2x_1 + x_2 = 5$

   $x_1 = 1$ in I:
   $1 - x_2 = -1 \quad \Leftrightarrow \quad x_2 = 2$

   Probe mit III:
   $2\cdot 1 + 2 = 5$ (Widerspruch)

   Das Gleichungssystem ist nicht lösbar.

2 Vektoren

Ein Vektor ist durch seine Länge und seine Richtung festgelegt und kann anschaulich als Pfeil dargestellt werden.
Einen Vektor, der den Ursprung mit einem Punkt A verbindet, nennt man Ortsvektor; übliche Bezeichnungen: $\vec{A}$, $\overrightarrow{OA}$, $\vec{a}$
(In diesem Buch wird die Bezeichnung $\vec{A}$ verwendet.)
Den Pfeil, der die Verschiebung von A nach B angibt, nennt man auch Verbindungsvektor; Bezeichnung: $\overrightarrow{AB}$

2.1 Rechnen mit Vektoren

Addition und Subtraktion
Zwei Vektoren $\vec{a}$ und $\vec{b}$ werden addiert bzw. subtrahiert, indem die einzelnen Koordinaten der Vektoren addiert bzw. subtrahiert werden:

$$\vec{a} + \vec{b} = \begin{pmatrix} a_1 \\ a_2 \\ a_3 \end{pmatrix} + \begin{pmatrix} b_1 \\ b_2 \\ b_3 \end{pmatrix} = \begin{pmatrix} a_1 + b_1 \\ a_2 + b_2 \\ a_3 + b_3 \end{pmatrix} \quad \text{bzw.} \quad \vec{a} - \vec{b} = \begin{pmatrix} a_1 \\ a_2 \\ a_3 \end{pmatrix} - \begin{pmatrix} b_1 \\ b_2 \\ b_3 \end{pmatrix} = \begin{pmatrix} a_1 - b_1 \\ a_2 - b_2 \\ a_3 - b_3 \end{pmatrix}$$

Skalare Multiplikation
Ein Vektor $\vec{a}$ wird mit einem Skalar $r \in \mathbb{R}$ multipliziert, indem jede Koordinate von $\vec{a}$ mit r multipliziert wird:

$$r \cdot \vec{a} = r \cdot \begin{pmatrix} a_1 \\ a_2 \\ a_3 \end{pmatrix} = \begin{pmatrix} r \cdot a_1 \\ r \cdot a_2 \\ r \cdot a_3 \end{pmatrix}$$

Spezialfall: $-1 \cdot \vec{a} = -\vec{a}$ Gegenvektor von $\vec{a}$

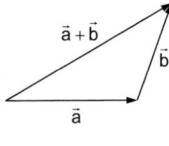

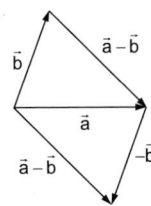

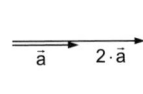

Mithilfe der Vektorrechnung lassen sich die Koordinaten des Mittelpunktes einer Strecke und des Schwerpunktes eines Dreiecks ermitteln.

Mittelpunkt einer Strecke

Für den Ortsvektor des Mittelpunktes M der Strecke [AB] gilt:

$$\vec{M} = \frac{1}{2} \cdot (\vec{A} + \vec{B})$$

Schwerpunkt eines Dreiecks

Für den Ortsvektor des Schwerpunktes S des Dreiecks ABC gilt:

$$\vec{S} = \frac{1}{3} \cdot (\vec{A} + \vec{B} + \vec{C})$$

2.2 Lineare (Un-)Abhängigkeit von Vektoren

Die Vektoren $\vec{a}_1, \ldots, \vec{a}_n$ sind voneinander linear abhängig, wenn sich mindestens einer dieser Vektoren als Linearkombination der anderen schreiben lässt. Andernfalls heißen die Vektoren linear unabhängig.

Zwei Vektoren $\vec{a}$ und $\vec{b}$ sind

• linear abhängig, wenn $\vec{a}$ ein skalares Vielfaches von $\vec{b}$ ist bzw. $\vec{a}$ und $\vec{b}$ parallel sind, d. h.:
  $\vec{a} = k \cdot \vec{b}$ mit $k \in \mathbb{R}$ bzw. $\vec{a} \parallel \vec{b}$

• linear unabhängig, wenn $\vec{a} \neq k \cdot \vec{b}$ mit $k \in \mathbb{R}$ bzw. $\vec{a} \nparallel \vec{b}$.

Drei Vektoren $\vec{a}, \vec{b}$ und $\vec{c}$ sind

• linear abhängig, wenn sie alle in einer Ebene liegen.

• linear unabhängig, wenn sie den Raum $\mathbb{R}^3$ aufspannen.

Schema zur rechnerischen Überprüfung dreier Vektoren auf lineare (Un-)Abhängigkeit:

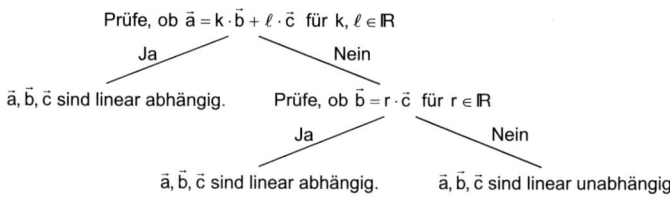

Prüfe, ob $\vec{a} = k \cdot \vec{b} + \ell \cdot \vec{c}$ für $k, \ell \in \mathbb{R}$

Ja — Nein

$\vec{a}, \vec{b}, \vec{c}$ sind linear abhängig.   Prüfe, ob $\vec{b} = r \cdot \vec{c}$ für $r \in \mathbb{R}$

Ja — Nein

$\vec{a}, \vec{b}, \vec{c}$ sind linear abhängig. $\vec{a}, \vec{b}, \vec{c}$ sind linear unabhängig.

Bemerkung: Mehr als 3 Vektoren im $\mathbb{R}^3$ sind immer linear abhängig.

2.3 Skalarprodukt

Das Skalarprodukt $\vec{a} \circ \vec{b}$ zweier Vektoren $\vec{a}$ und $\vec{b}$ ist eine Zahl und wird folgendermaßen berechnet:

$$\vec{a} \circ \vec{b} = \begin{pmatrix} a_1 \\ a_2 \\ a_3 \end{pmatrix} \circ \begin{pmatrix} b_1 \\ b_2 \\ b_3 \end{pmatrix} = a_1 b_1 + a_2 b_2 + a_3 b_3$$

Mithilfe des Skalarprodukts lässt sich
- die Länge (der Betrag) eines Vektors $\vec{a}$ berechnen:

$$|\vec{a}| = \sqrt{\vec{a} \circ \vec{a}} = \sqrt{a_1^2 + a_2^2 + a_3^2}$$

- prüfen, ob zwei Vektoren $\vec{a}$ und $\vec{b}$ senkrecht zueinander sind:

$$\vec{a} \perp \vec{b} \quad \Leftrightarrow \quad \vec{a} \circ \vec{b} = 0 \quad (\vec{a} \neq \vec{o}, \vec{b} \neq \vec{o})$$

- der Winkel γ zwischen zwei Vektoren $\vec{a}$ und $\vec{b}$ berechnen:

$$\cos \gamma = \frac{\vec{a} \circ \vec{b}}{|\vec{a}| \cdot |\vec{b}|} \quad (\vec{a} \neq \vec{o}, \vec{b} \neq \vec{o})$$

$$\vec{a} = \begin{pmatrix} 2 \\ -4 \\ 4 \end{pmatrix}, \quad \vec{b} = \begin{pmatrix} 5 \\ 3 \\ -1 \end{pmatrix}$$

Länge der Vektoren:

$$|\vec{a}| = \sqrt{2^2 + (-4)^2 + 4^2} = \sqrt{36} = 6$$

$$|\vec{b}| = \sqrt{5^2 + 3^2 + (-1)^2} = \sqrt{35}$$

Skalarprodukt:

$$\vec{a} \circ \vec{b} = \begin{pmatrix} 2 \\ -4 \\ 4 \end{pmatrix} \circ \begin{pmatrix} 5 \\ 3 \\ -1 \end{pmatrix} = 2 \cdot 5 + (-4) \cdot 3 + 4 \cdot (-1) = -6 \neq 0 \quad \Rightarrow \quad \vec{a} \not\perp \vec{b}$$

Winkel:

$$\cos \gamma = \frac{-6}{6 \cdot \sqrt{35}} = -\frac{1}{\sqrt{35}} \quad \Rightarrow \quad \gamma = \cos^{-1}\left(-\frac{1}{\sqrt{35}}\right) \approx 99,73°$$

2.4 Vektor- bzw. Kreuzprodukt

Das Vektor- oder Kreuzprodukt $\vec{a} \times \vec{b}$ zweier Vektoren $\vec{a}$ und $\vec{b}$ ist wieder ein Vektor und wird folgendermaßen berechnet:

$$\vec{a} \times \vec{b} = \begin{pmatrix} a_1 \\ a_2 \\ a_3 \end{pmatrix} \times \begin{pmatrix} b_1 \\ b_2 \\ b_3 \end{pmatrix} = \begin{pmatrix} a_2 b_3 - a_3 b_2 \\ a_3 b_1 - a_1 b_3 \\ a_1 b_2 - a_2 b_1 \end{pmatrix}$$

Mithilfe des Vektorprodukts lässt sich
- ein zu zwei Vektoren $\vec{a}$ und $\vec{b}$ senkrecht stehender Vektor $\vec{c}$ ermitteln:

  $\vec{c} = \vec{a} \times \vec{b}$ mit $\vec{c} \perp \vec{a}$ und $\vec{c} \perp \vec{b}$

- der Flächeninhalt eines Parallelogramms
  oder Dreiecks berechnen:

  $A_{Parallelogramm} = \left| \vec{a} \times \vec{b} \right|$

  $A_{Dreieck} = \frac{1}{2} \cdot \left| \vec{a} \times \vec{b} \right|$

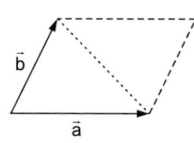

- das Volumen eines Spats oder einer
  dreiseitigen Pyramide berechnen:

  $V_{Spat} = \left| \vec{a} \circ (\vec{b} \times \vec{c}) \right|$

  $V_{dreiseitige\ Pyramide} = \frac{1}{6} \cdot \left| \vec{a} \circ (\vec{b} \times \vec{c}) \right|$

  Die Reihenfolge der Vektoren spielt
  dabei keine Rolle.

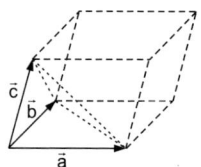

$\vec{a} = \begin{pmatrix} 2 \\ -4 \\ 4 \end{pmatrix}$, $\vec{b} = \begin{pmatrix} 5 \\ 3 \\ -1 \end{pmatrix}$

Vektorprodukt:

$\vec{c} = \begin{pmatrix} 2 \\ -4 \\ 4 \end{pmatrix} \times \begin{pmatrix} 5 \\ 3 \\ -1 \end{pmatrix} = \begin{pmatrix} -4 \cdot (-1) - 4 \cdot 3 \\ 4 \cdot 5 - 2 \cdot (-1) \\ 2 \cdot 3 - (-4) \cdot 5 \end{pmatrix} = \begin{pmatrix} -8 \\ 22 \\ 26 \end{pmatrix}$ $\Rightarrow$ $\vec{c} \perp \vec{a}$ und $\vec{c} \perp \vec{b}$

Flächeninhalt:

$A_{Parallelogramm} = \left| \vec{a} \times \vec{b} \right| = \sqrt{(-8)^2 + 22^2 + 26^2} = \sqrt{1\,224} \approx 34,99$

$A_{Dreieck} = \frac{1}{2} \cdot \left| \vec{a} \times \vec{b} \right| = \frac{1}{2} \cdot \sqrt{1\,224} \approx 17,49$

Volumen des Spats, der von $\vec{a}$, $\vec{b}$ und $\vec{d} = \begin{pmatrix} -1 \\ 0 \\ 4 \end{pmatrix}$ aufgespannt wird:

$V = \left| \vec{d} \circ (\vec{a} \times \vec{b}) \right| = \left| \begin{pmatrix} -1 \\ 0 \\ 4 \end{pmatrix} \circ \left[\begin{pmatrix} 2 \\ -4 \\ 4 \end{pmatrix} \times \begin{pmatrix} 5 \\ 3 \\ -1 \end{pmatrix} \right] \right|$

$= \left| \begin{pmatrix} -1 \\ 0 \\ 4 \end{pmatrix} \circ \begin{pmatrix} -8 \\ 22 \\ 26 \end{pmatrix} \right|$

$= \left| (-1) \cdot (-8) + 0 \cdot 22 + 4 \cdot 26 \right| = 112$

3 Geraden und Ebenen (nur WPG 2)

3.1 Geraden

Eine Gerade kann beschrieben werden durch eine Gleichung der Form:

$g: \vec{X} = \vec{A} + \lambda \cdot \vec{u}; \ \lambda \in \mathbb{R}$ (Parameterform)

Dabei heißt A Aufpunkt (bzw. Anbindungspunkt, Stützpunkt) und $\vec{u}$ Richtungsvektor der Geraden.

Eine Gerade g wird eindeutig bestimmt durch

- zwei Punkte A und B:

  $g: \vec{X} = \vec{A} + \lambda \cdot \overrightarrow{AB}; \ \lambda \in \mathbb{R}$

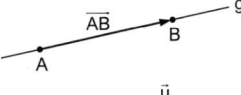

- einen Punkt A und einen Vektor $\vec{u}$:

  $g: \vec{X} = \vec{A} + \lambda \cdot \vec{u}; \ \lambda \in \mathbb{R}$

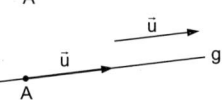

Die Gerade g sei durch die Punkte $A(-1|6|2)$ und $B(5|0|5)$ festgelegt. Untersuchen Sie, ob der Punkt $P(11|-6|8)$ auf der Geraden g liegt.

Aufstellen der Geradengleichung:

$g: \vec{X} = \vec{A} + \lambda \cdot \overrightarrow{AB}; \ \lambda \in \mathbb{R}$

$g: \vec{X} = \begin{pmatrix} -1 \\ 6 \\ 2 \end{pmatrix} + \lambda \cdot \left[\begin{pmatrix} 5 \\ 0 \\ 5 \end{pmatrix} - \begin{pmatrix} -1 \\ 6 \\ 2 \end{pmatrix} \right] = \begin{pmatrix} -1 \\ 6 \\ 2 \end{pmatrix} + \lambda \cdot \begin{pmatrix} 6 \\ -6 \\ 3 \end{pmatrix}; \ \lambda \in \mathbb{R}$

Oder mit vereinfachtem Richtungsvektor:

$g: \vec{X} = \begin{pmatrix} -1 \\ 6 \\ 2 \end{pmatrix} + \mu \cdot \begin{pmatrix} 2 \\ -2 \\ 1 \end{pmatrix}; \ \mu \in \mathbb{R}$

Ortsvektor von P in die Gleichung von g einsetzen (Punktprobe):

$\begin{pmatrix} 11 \\ -6 \\ 8 \end{pmatrix} = \begin{pmatrix} -1 \\ 6 \\ 2 \end{pmatrix} + \mu \cdot \begin{pmatrix} 2 \\ -2 \\ 1 \end{pmatrix}$

$\Rightarrow \begin{cases} 11 = -1 + 2\mu & \Leftrightarrow \quad 12 = 2\mu \quad \Rightarrow \quad \mu = 6 \\ -6 = 6 - 2\mu & \Leftrightarrow \quad -12 = -2\mu \quad \Rightarrow \quad \mu = 6 \\ 8 = 2 + \mu & \Rightarrow \quad \mu = 6 \end{cases}$

$\Rightarrow P \in g$ (P liegt auf der Geraden g.)

Lage einer Geraden g im Koordinatensystem

Um die Lage einer Geraden im Koordinatensystem zu beschreiben, betrachtet man den Richtungsvektor der Geraden.

Die Gerade $g\colon \vec{X} = \vec{A} + \lambda \cdot \vec{u};\ \lambda \in \mathbb{R}$ verläuft

- parallel zur x_1-Achse, wenn die x_2- und die x_3-Koordinate von $\vec{u}$ null sind, d. h., wenn gilt:

$$\vec{u} = a \cdot \begin{pmatrix} 1 \\ 0 \\ 0 \end{pmatrix} \text{ mit } a \in \mathbb{R}$$

- parallel zur x_2-Achse, wenn die x_1- und die x_3-Koordinate von $\vec{u}$ null sind, d. h., wenn gilt:

$$\vec{u} = a \cdot \begin{pmatrix} 0 \\ 1 \\ 0 \end{pmatrix} \text{ mit } a \in \mathbb{R}$$

- parallel zur x_3-Achse, wenn die x_1- und die x_2-Koordinate von $\vec{u}$ null sind, d. h., wenn gilt:

$$\vec{u} = a \cdot \begin{pmatrix} 0 \\ 0 \\ 1 \end{pmatrix} \text{ mit } a \in \mathbb{R}$$

- parallel zur x_1x_2-Ebene, wenn die x_3-Koordinate von $\vec{u}$ null ist.
- parallel zur x_1x_3-Ebene, wenn die x_2-Koordinate von $\vec{u}$ null ist.
- parallel zur x_2x_3-Ebene, wenn die x_1-Koordinate von $\vec{u}$ null ist.

$g_1\colon \vec{X} = \begin{pmatrix} 4 \\ 1 \\ 3 \end{pmatrix} + \lambda \cdot \begin{pmatrix} 0 \\ 0 \\ -2 \end{pmatrix};\ \lambda \in \mathbb{R}$

Die x_1- und die x_2-Koordinate von $\vec{u}$ sind null und es gilt:

$$\vec{u} = \begin{pmatrix} 0 \\ 0 \\ -2 \end{pmatrix} = -2 \cdot \begin{pmatrix} 0 \\ 0 \\ 1 \end{pmatrix}$$

$\Rightarrow\quad g_1 \parallel x_3\text{-Achse}$

$g_2\colon \vec{X} = \begin{pmatrix} 4 \\ 1 \\ 3 \end{pmatrix} + \mu \cdot \begin{pmatrix} 2 \\ 3 \\ 0 \end{pmatrix};\ \mu \in \mathbb{R}$

Die x_3-Koordinate von $\vec{u} = \begin{pmatrix} 2 \\ 3 \\ 0 \end{pmatrix}$ ist null.

$\Rightarrow\quad g_2 \parallel x_1x_2\text{-Ebene}$

3.2 Parameterform einer Ebene

Eine Ebene kann beschrieben werden durch eine Gleichung der Form

$E: \vec{X} = \vec{A} + \lambda \cdot \vec{u} + \mu \cdot \vec{v}; \ \lambda, \mu \in \mathbb{R}$ (Parameterform),

wobei $\vec{u}$ und $\vec{v}$ nicht parallel, also linear unabhängig sind.
Dabei heißt A Stützpunkt der Ebene und $\vec{u}$ und $\vec{v}$ heißen Spannvektoren der Ebene.

Eine Ebene E wird eindeutig bestimmt durch

- drei Punkte A, B und C:
  $E: \vec{X} = \vec{A} + \lambda \cdot \overrightarrow{AB} + \mu \cdot \overrightarrow{AC}; \ \lambda, \mu \in \mathbb{R}$

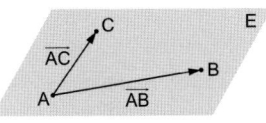

- einen Punkt A und zwei linear
  unabhängige Vektoren $\vec{u}$ und $\vec{v}$:
  $E: \vec{X} = \vec{A} + \lambda \cdot \vec{u} + \mu \cdot \vec{v}; \ \lambda, \mu \in \mathbb{R}$

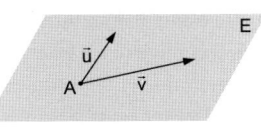

- eine Gerade $g: \vec{X} = \vec{A} + \lambda \cdot \vec{u}$ und
  einen Punkt $B \notin g$:
  $E: \vec{X} = \vec{A} + \lambda \cdot \vec{u} + \mu \cdot \overrightarrow{AB}; \ \lambda, \mu \in \mathbb{R}$

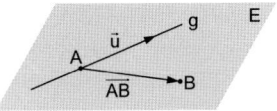

- zwei sich schneidende Geraden
  $g: \vec{X} = \vec{A} + \lambda \cdot \vec{u}$ und $h: \vec{X} = \vec{B} + \mu \cdot \vec{v}$:
  $E: \vec{X} = \vec{A} + \lambda \cdot \vec{u} + \mu \cdot \vec{v}; \ \lambda, \mu \in \mathbb{R}$

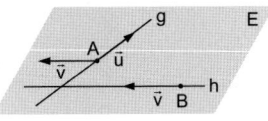

- zwei echt parallele Geraden
  $g: \vec{X} = \vec{A} + \lambda \cdot \vec{u}$ und $h: \vec{X} = \vec{B} + \mu \cdot \vec{v}$:
  $E: \vec{X} = \vec{A} + \lambda \cdot \vec{u} + \mu \cdot \overrightarrow{AB}; \ \lambda, \mu \in \mathbb{R}$

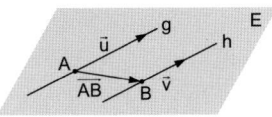

3.3 Normalenform einer Ebene

Ein Vektor $\vec{n}$, der senkrecht auf einer Ebene E steht, heißt **Normalenvektor** der Ebene E. Damit lässt sich die Gleichung der Ebene in der sog. Normalenform (bzw. Koordinatenform) schreiben:

$$E: \vec{n} \circ (\vec{X} - \vec{A}) = 0 \quad \text{bzw.} \quad E: n_1 x_1 + n_2 x_2 + n_3 x_3 - d = 0$$

mit $\vec{n} = \begin{pmatrix} n_1 \\ n_2 \\ n_3 \end{pmatrix}$ als Normalenvektor von E und einem Punkt A der Ebene.

Die Zahl d in der Normalenform ergibt sich entweder durch Einsetzen der Koordinaten von A in die Gleichung $n_1 x_1 + n_2 x_2 + n_3 x_3 = d$ oder durch Berechnung des Skalarprodukts $\vec{n} \circ \vec{A} = d$.

Lage einer Ebene E im Koordinatensystem

Um die Lage einer Ebene im Koordinatensystem zu beschreiben, betrachtet man den Normalenvektor der Ebene. Dazu wandelt man die Ebene gegebenenfalls in Normalenform um.

Die Ebene $E: \vec{n} \circ (\vec{X} - \vec{A}) = 0$ liegt

- parallel zur $x_2 x_3$-Ebene, wenn die x_2- und die x_3-Koordinate von $\vec{n}$ null sind, d. h., wenn gilt:

$$\vec{n} = a \cdot \begin{pmatrix} 1 \\ 0 \\ 0 \end{pmatrix} \text{ mit } a \in \mathbb{R}$$

- parallel zur $x_1 x_3$-Ebene, wenn die x_1- und die x_3-Koordinate von $\vec{n}$ null sind, d. h., wenn gilt:

$$\vec{n} = a \cdot \begin{pmatrix} 0 \\ 1 \\ 0 \end{pmatrix} \text{ mit } a \in \mathbb{R}$$

- parallel zur $x_1 x_2$-Ebene, wenn die x_1- und die x_2-Koordinate von $\vec{n}$ null sind, d. h., wenn gilt:

$$\vec{n} = a \cdot \begin{pmatrix} 0 \\ 0 \\ 1 \end{pmatrix} \text{ mit } a \in \mathbb{R}$$

- parallel zur x_1-Achse, wenn die x_1-Koordinate von $\vec{n}$ null ist.
- parallel zur x_2-Achse, wenn die x_2-Koordinate von $\vec{n}$ null ist.
- parallel zur x_3-Achse, wenn die x_3-Koordinate von $\vec{n}$ null ist.

$E_1: x_2 - 4 = 0 \quad \Rightarrow \quad \vec{n}_{E_1} = \begin{pmatrix} 0 \\ 1 \\ 0 \end{pmatrix}$

Die x_1- und die x_3-Koordinate von $\vec{n}_{E_1}$ sind null.

$\Rightarrow \quad E_1 \parallel x_1x_3$-Ebene

$E_2: 2x_2 - 3x_3 + 5 = 0 \quad \Rightarrow \quad \vec{n}_{E_2} = \begin{pmatrix} 0 \\ 2 \\ -3 \end{pmatrix}$

Die x_1-Koordinate von $\vec{n}_{E_2}$ ist null.

$\Rightarrow \quad E_2 \parallel x_1$-Achse

3.4 Hesse'sche Normalenform

Der **Normaleneinheitsvektor** $\vec{n}_0$ einer Ebene E ist ein Normalvektor der Länge 1, d. h. $\vec{n}_0 = \frac{\vec{n}}{|\vec{n}|}$ für einen Normalenvektor $\vec{n}$ der Ebene.

Die entsprechende Normalenform der Ebene E heißt **Hesse'sche Normalenform** oder kurz **HNF**:

$$E: \vec{n}_0 \cdot (\vec{x} - \vec{A}) = 0$$

bzw. als Koordinatengleichung:

$$E: \frac{n_1x_1 + n_2x_2 + n_3x_3 - d}{|\vec{n}|} = 0 \text{ mit } d = n_1a_1 + n_2a_2 + n_3a_3$$

Die HNF einer Ebene ist hilfreich zur Bestimmung von Abständen bezüglich dieser Ebene (vgl. Abschnitt 5.1).

3.5 Umwandlung: Parameterform ↔ Normalenform

Parameterform → Normalenform

Schritt 1: Normalenvektor der Ebene mithilfe des Vektorprodukts der Richtungsvektoren ermitteln: $\vec{n} = \vec{u} \times \vec{v}$

Schritt 2: Normalenform der Ebene mithilfe des Aufpunkts A (aus der Parameterform der Ebene) und des Normalenvektors angeben:

$$E: \vec{n} \circ (\vec{X} - \vec{A}) = 0 \quad \text{bzw.} \quad E: n_1x_1 + n_2x_2 + n_3x_3 - d = 0$$

E: $\vec{X} = \begin{pmatrix} 2 \\ -1 \\ 0 \end{pmatrix} + \lambda \cdot \begin{pmatrix} -3 \\ 1 \\ 0 \end{pmatrix} + \mu \cdot \begin{pmatrix} 0 \\ 0 \\ 1 \end{pmatrix}$; $\lambda, \mu \in \mathbb{R}$

Schritt 1:

$$\vec{n} = \begin{pmatrix} -3 \\ 1 \\ 0 \end{pmatrix} \times \begin{pmatrix} 0 \\ 0 \\ 1 \end{pmatrix} = \begin{pmatrix} 1-0 \\ 0-(-3) \\ 0-0 \end{pmatrix} = \begin{pmatrix} 1 \\ 3 \\ 0 \end{pmatrix}$$

Schritt 2:

$$E: \begin{pmatrix} 1 \\ 3 \\ 0 \end{pmatrix} \circ \left[\vec{X} - \begin{pmatrix} 2 \\ -1 \\ 0 \end{pmatrix} \right] = 0 \Rightarrow E: \begin{pmatrix} 1 \\ 3 \\ 0 \end{pmatrix} \circ \begin{pmatrix} x_1 \\ x_2 \\ x_3 \end{pmatrix} - \begin{pmatrix} 1 \\ 3 \\ 0 \end{pmatrix} \circ \begin{pmatrix} 2 \\ -1 \\ 0 \end{pmatrix} = 0$$

$$E: 1 \cdot x_1 + 3 \cdot x_2 + 0 \cdot x_3 - (1 \cdot 2 + 3 \cdot (-1) + 0 \cdot 0) = 0$$

$$E: x_1 + 3x_2 + 1 = 0$$

Normalenform → Parameterform

Schritt 1: Normalenform nach einer Koordinate auflösen, z. B. x_3

Schritt 2: Die zwei freien Koordinaten mit Parametern besetzen, z. B.:
$x_1 = \lambda$ und $x_2 = \mu$; $\lambda, \mu \in \mathbb{R}$

Schritt 3: Gleichung der Ebene E in Parameterform schreiben:

$$E: \vec{X} = \begin{pmatrix} x_1 \\ x_2 \\ x_3 \end{pmatrix} = \vec{A} + \lambda \cdot \vec{u} + \mu \cdot \vec{v}; \lambda, \mu \in \mathbb{R}$$

E: $7x_1 + 4x_2 - x_3 + 11 = 0$

Schritt 1:

$$7x_1 + 4x_2 - x_3 + 11 = 0 \Leftrightarrow x_3 = 11 + 7x_1 + 4x_2$$

Schritt 2:

$$x_1 = \lambda, \ x_2 = \mu \ \text{mit} \ \lambda, \mu \in \mathbb{R} \Rightarrow x_3 = 11 + 7\lambda + 4\mu$$

Schritt 3:

$$E: \vec{X} = \begin{pmatrix} x_1 \\ x_2 \\ x_3 \end{pmatrix} = \begin{pmatrix} \lambda \\ \mu \\ 11 + 7\lambda + 4\mu \end{pmatrix} = \begin{pmatrix} 0 + \lambda + 0 \\ 0 + 0 + \mu \\ 11 + 7\lambda + 4\mu \end{pmatrix}$$

$$= \begin{pmatrix} 0 \\ 0 \\ 11 \end{pmatrix} + \lambda \cdot \begin{pmatrix} 1 \\ 0 \\ 7 \end{pmatrix} + \mu \cdot \begin{pmatrix} 0 \\ 1 \\ 4 \end{pmatrix}; \lambda, \mu \in \mathbb{R}$$

4 Lagebeziehungen zwischen geometrischen Objekten (nur WPG 2)

4.1 Lage zweier Geraden

Für die gegenseitige Lage zweier Geraden

$$g: \vec{X} = \vec{A} + \lambda \cdot \vec{u}; \ \lambda \in \mathbb{R} \quad \text{und} \quad h: \vec{X} = \vec{B} + \mu \cdot \vec{v}; \ \mu \in \mathbb{R}$$

gibt es vier verschiedene Möglichkeiten:

- g und h schneiden sich in einem Punkt.
- g und h verlaufen (echt) parallel.
- g und h sind identisch.
- g und h verlaufen windschief zueinander.

Schema zur rechnerischen Untersuchung dieser Lagebeziehungen:

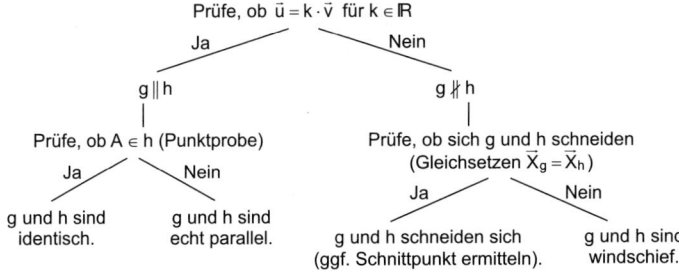

 Untersuchen Sie die Lagebeziehung der beiden Geraden

$$g: \vec{X} = \begin{pmatrix} 2 \\ 1 \\ 5 \end{pmatrix} + \lambda \cdot \begin{pmatrix} 1 \\ -2 \\ 1 \end{pmatrix}; \ \lambda \in \mathbb{R} \quad \text{und} \quad h: \vec{X} = \begin{pmatrix} -8 \\ 1 \\ 3 \end{pmatrix} + \mu \cdot \begin{pmatrix} 3 \\ 4 \\ -1 \end{pmatrix}; \ \mu \in \mathbb{R}$$

und bestimmen Sie gegebenenfalls den Schnittpunkt S.

Schritt 1: Prüfen, ob die beiden Geraden parallel sind, also ob
$\vec{u} = k \cdot \vec{v}$ für ein $k \in \mathbb{R}$

$$\begin{pmatrix} 1 \\ -2 \\ 1 \end{pmatrix} = k \cdot \begin{pmatrix} 3 \\ 4 \\ -1 \end{pmatrix} \ \Rightarrow \ \left. \begin{cases} 1 = 3k \ \Rightarrow \ k = \tfrac{1}{3} \\ -2 = 4k \ \Rightarrow \ k = -\tfrac{1}{2} \\ 1 = -k \ \Rightarrow \ k = -1 \end{cases} \right\} \text{Widerspruch}$$

$\Rightarrow \ g \nparallel h$ (g und h sind nicht parallel.)

Schritt 2: Prüfen, ob g und h einen Schnittpunkt besitzen (allgemeine Ortsvektoren der Geraden gleichsetzen und das resultierende lineare Gleichungssystem auf Lösbarkeit untersuchen)

$$\vec{X}_g = \vec{X}_h \iff \begin{pmatrix} 2 \\ 1 \\ 5 \end{pmatrix} + \lambda \cdot \begin{pmatrix} 1 \\ -2 \\ 1 \end{pmatrix} = \begin{pmatrix} -8 \\ 1 \\ 3 \end{pmatrix} + \mu \cdot \begin{pmatrix} 3 \\ 4 \\ -1 \end{pmatrix}$$

$$\Rightarrow \begin{cases} \text{I} & 2+\lambda = -8+3\mu \;\Rightarrow\; \lambda = -10+3\mu \quad (*) \\ \text{II} & 1-2\lambda = 1+4\mu \\ \text{III} & 5+\lambda = 3-\mu \end{cases}$$

$(*)$ in III: $\quad 5-10+3\mu = 3-\mu \;\Rightarrow\; 4\mu = 8 \;\Rightarrow\; \mu = 2$

$\mu = 2$ in $(*)$: $\quad \lambda = -10+6 = -4$

Beides in II: $1-2\cdot(-4) = 1+4\cdot 2 \iff 9 = 9$ wahre Aussage

$\Rightarrow$ g und h schneiden sich.

Schritt 3: Berechnen der Koordinaten des Schnittpunktes S

Einsetzen von $\lambda = -4$ in die Gleichung von g (oder $\mu = 2$ in h):

$$\vec{S} = \begin{pmatrix} 2 \\ 1 \\ 5 \end{pmatrix} - 4 \cdot \begin{pmatrix} 1 \\ -2 \\ 1 \end{pmatrix} = \begin{pmatrix} -2 \\ 9 \\ 1 \end{pmatrix} \;\Rightarrow\; S(-2\,|\,9\,|\,1)$$

 Erlaubt der Operator in der Aufgabenstellung den Einsatz eines GTR/ CAS, bietet es sich an, die Geradengleichungen direkt gleichzusetzen und im ersten Schritt bereits das resultierende (überbestimmte) lineare Gleichungssystem zu lösen. Hieraus ergibt sich das folgende alternative Schema zur Untersuchung der Lagebeziehung:

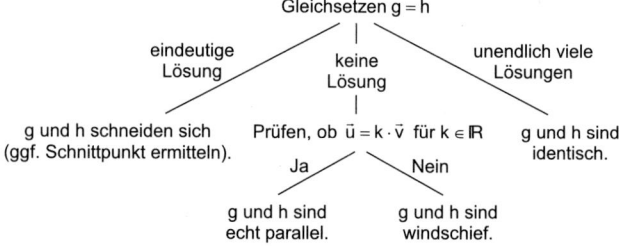

Bemerkung: Ist der Rechnereinsatz nicht erlaubt, sollte wegen des möglicherweise deutlich geringeren Rechenaufwands nach dem ersten Schema verfahren werden.

4.2 Lage einer Geraden zu einer Ebene

Für die gegenseitige Lage einer Geraden g: $\vec{X} = \vec{A} + \lambda \cdot \vec{u}$; $\lambda \in \mathbb{R}$ und einer Ebene E: $\vec{n} \circ (\vec{X} - \vec{B}) = 0$ gibt es drei verschiedene Möglichkeiten:

- g und E schneiden sich in einem Punkt.
- g und E verlaufen (echt) parallel.
- g liegt (vollständig) in der Ebene E.

Schema zur rechnerischen Untersuchung dieser Lagebeziehungen:

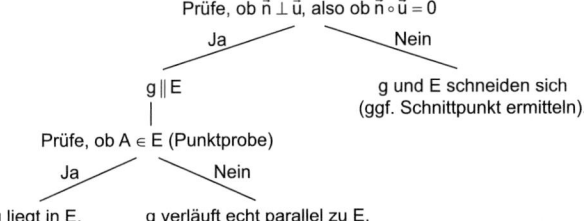

 Gegeben sind die Ebene E: $x_1 - 2x_2 - 2 = 0$ sowie die Gerade

g: $\vec{X} = \begin{pmatrix} 2 \\ -4 \\ 2 \end{pmatrix} + \lambda \cdot \begin{pmatrix} 6 \\ 3 \\ -5 \end{pmatrix}$; $\lambda \in \mathbb{R}$.

Untersuchen Sie die Lagebeziehung der Geraden g zur Ebene E und ermitteln Sie gegebenenfalls den Schnittpunkt S.

Schritt 1: Prüfen, ob die Gerade und die Ebene parallel sind, d. h., ob der Normalenvektor von E und der Richtungsvektor von g senkrecht zueinander stehen, also ob $\vec{n} \circ \vec{u} = 0$

$$\vec{n} \circ \vec{u} = \begin{pmatrix} 1 \\ -2 \\ 0 \end{pmatrix} \circ \begin{pmatrix} 6 \\ 3 \\ -5 \end{pmatrix} = 6 - 6 + 0 = 0 \implies g \parallel E$$

Schritt 2: Prüfen, ob g und E echt parallel sind oder g in E liegt
Einsetzen der Koordinaten des Aufpunkts von g in die Gleichung von E:
$2 - 2 \cdot (-4) - 2 = 0 \iff 8 = 0$ Widerspruch

$\implies$ g und E verlaufen echt parallel zueinander.

4.3 Lage zweier Ebenen

Für die gegenseitige Lage zweier Ebenen

$E: \vec{X} = \vec{A} + \lambda \cdot \vec{u} + \mu \cdot \vec{v}; \ \lambda, \mu \in \mathbb{R}$

$F: \vec{m} \circ (\vec{X} - \vec{B}) = 0$

oder

$E: \vec{n} \circ (\vec{X} - \vec{A}) = 0$

$F: \vec{m} \circ (\vec{X} - \vec{B}) = 0$

gibt es drei verschiedene Möglichkeiten:

- E und F schneiden sich in einer Geraden.
- E und F verlaufen (echt) parallel.
- E und F sind identisch.

Schema zur rechnerischen Untersuchung dieser Lagebeziehungen:

Prüfe, ob $\vec{m} \circ \vec{u} = 0$ und $\vec{m} \circ \vec{v} = 0$ *oder* Prüfe, ob $\vec{n} = k \cdot \vec{m}$ für $k \in \mathbb{R}$

Ja — Nein

E ∥ F

Prüfe, ob $A \in F$ (Punktprobe)

E und F schneiden sich (ggf. Schnittgerade bestimmen).

Ja — Nein

E und F sind identisch.   E und F sind echt parallel.

 Untersuchen Sie die Lagebeziehung der beiden Ebenen

$E: \vec{X} = \begin{pmatrix} 3 \\ -1 \\ 4 \end{pmatrix} + \lambda \cdot \begin{pmatrix} -1 \\ 4 \\ -1 \end{pmatrix} + \mu \cdot \begin{pmatrix} 1 \\ -2 \\ -5 \end{pmatrix}; \ \lambda, \mu \in \mathbb{R}$ und $F: 4x_1 + 3x_2 - x_3 + 1 = 0$

und bestimmen Sie gegebenenfalls die Schnittgerade s.

Schritt 1: Prüfen, ob die beiden Ebenen parallel sind, d. h., ob der Normalenvektor von F senkrecht auf den Richtungsvektoren von E steht, also ob $\vec{m} \circ \vec{u} = 0$ und $\vec{m} \circ \vec{v} = 0$

$\vec{m} \circ \vec{u} = \begin{pmatrix} 4 \\ 3 \\ -1 \end{pmatrix} \circ \begin{pmatrix} -1 \\ 4 \\ -1 \end{pmatrix} = -4 + 12 + 1 = 9 \neq 0$

$\Rightarrow$ E $\nparallel$ F (E und F sind nicht parallel.)

$\Rightarrow$ E und F schneiden sich in einer Geraden.

Schritt 2: Ermitteln der Gleichung der Schnittgeraden s

Einsetzen der einzelnen Koordinaten von E in die Gleichung von F:

$E: \vec{X} = \begin{pmatrix} x_1 \\ x_2 \\ x_3 \end{pmatrix} = \begin{pmatrix} 3 - \lambda + \mu \\ -1 + 4\lambda - 2\mu \\ 4 - \lambda - 5\mu \end{pmatrix}$ in $F: 4x_1 + 3x_2 - x_3 + 1 = 0$

$$4 \cdot (3 - \lambda + \mu) + 3 \cdot (-1 + 4\lambda - 2\mu) - (4 - \lambda - 5\mu) + 1 = 0$$
$$12 - 4\lambda + 4\mu - 3 + 12\lambda - 6\mu - 4 + \lambda + 5\mu + 1 = 0$$
$$6 + 9\lambda + 3\mu = 0$$
$$3\mu = -6 - 9\lambda$$
$$\mu = -2 - 3\lambda$$

Einsetzen von $\mu = -2 - 3\lambda$ in die Gleichung von E:

$$s: \vec{X} = \begin{pmatrix} 3 \\ -1 \\ 4 \end{pmatrix} + \lambda \cdot \begin{pmatrix} -1 \\ 4 \\ -1 \end{pmatrix} + (-2 - 3\lambda) \cdot \begin{pmatrix} 1 \\ -2 \\ -5 \end{pmatrix}$$

$$= \begin{pmatrix} 3 \\ -1 \\ 4 \end{pmatrix} + \lambda \cdot \begin{pmatrix} -1 \\ 4 \\ -1 \end{pmatrix} + \begin{pmatrix} -2 \\ 4 \\ 10 \end{pmatrix} + \lambda \cdot \begin{pmatrix} -3 \\ 6 \\ 15 \end{pmatrix}$$

$$= \begin{pmatrix} 1 \\ 3 \\ 14 \end{pmatrix} + \lambda \cdot \begin{pmatrix} -4 \\ 10 \\ 14 \end{pmatrix}; \ \lambda \in \mathbb{R}$$

4.4 Spurpunkte und Spurgeraden

Spurpunkte

Als **Spurpunkte einer Geraden** bezeichnet man die Schnittpunkte der Geraden mit den Koordinatenebenen.

Die **Spurpunkte einer Ebene** sind die Schnittpunkte der Ebene mit den Koordinatenachsen.

 Bestimmen Sie die Spurpunkte der Ebene E mit der Gleichung

$$E: \vec{x} = \begin{pmatrix} 0 \\ 1 \\ 0 \end{pmatrix} + s \cdot \begin{pmatrix} -2 \\ 1 \\ 0 \end{pmatrix} + t \cdot \begin{pmatrix} 0 \\ 0 \\ 1 \end{pmatrix}; \ s, t \in \mathbb{R}.$$

Spurpunkt mit der x_1-Achse:

$$r \cdot \begin{pmatrix} 1 \\ 0 \\ 0 \end{pmatrix} = \begin{pmatrix} 0 \\ 1 \\ 0 \end{pmatrix} + s \cdot \begin{pmatrix} -2 \\ 1 \\ 0 \end{pmatrix} + t \cdot \begin{pmatrix} 0 \\ 0 \\ 1 \end{pmatrix}$$

I $r = -2s$

II $0 = 1 + s \ \Leftrightarrow \ s = -1$

III $0 = t \ \ \ \ \ \ \Leftrightarrow \ t = 0$

Mit $s = -1$ folgt aus I: $r = 2$

Das lineare Gleichungssystem besitzt eine eindeutige Lösung.

$\Rightarrow$ E schneidet die x_1-Achse im Spurpunkt $S_1(2\,|\,0\,|\,0)$.

Spurpunkt mit der x_2-Achse:

$$r \cdot \begin{pmatrix} 0 \\ 1 \\ 0 \end{pmatrix} = \begin{pmatrix} 0 \\ 1 \\ 0 \end{pmatrix} + s \cdot \begin{pmatrix} -2 \\ 1 \\ 0 \end{pmatrix} + t \cdot \begin{pmatrix} 0 \\ 0 \\ 1 \end{pmatrix}$$

I $0 = -2s \quad \Leftrightarrow \quad s = 0$

II $r = 1 + s$

III $0 = t \quad\quad \Leftrightarrow \quad t = 0$

Mit $s = 0$ folgt aus II: $r = 1$

Das lineare Gleichungssystem besitzt eine eindeutige Lösung.

$\Rightarrow$ E schneidet die x_2-Achse im Spurpunkt $S_2(0 \,|\, 1 \,|\, 0)$.

Spurpunkt mit der x_3-Achse:

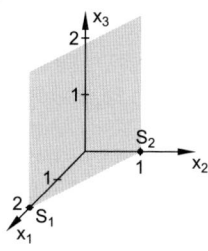

$$r \cdot \begin{pmatrix} 0 \\ 0 \\ 1 \end{pmatrix} = \begin{pmatrix} 0 \\ 1 \\ 0 \end{pmatrix} + s \cdot \begin{pmatrix} -2 \\ 1 \\ 0 \end{pmatrix} + t \cdot \begin{pmatrix} 0 \\ 0 \\ 1 \end{pmatrix}$$

I $0 = -2s \quad \Leftrightarrow \quad s = 0$ $\left. \phantom{\begin{matrix} a \\ b \end{matrix}} \right\}$ Widerspruch

II $0 = 1 + s \quad \Leftrightarrow \quad s = -1$

III $r = t$

Aufgrund des Widerspruchs besitzt das lineare Gleichungssystem keine Lösung.

$\Rightarrow$ Die x_3-Achse verläuft parallel zu E.

Spurgeraden

Die **Spurgeraden einer Ebene** sind die Schnittgeraden der Ebene mit den Koordinatenebenen.

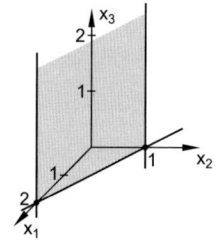

Spurgeraden verbinden entweder zwei Spurpunkte der Ebene auf den Koordinatenachsen miteinander oder verlaufen durch einen Spurpunkt und parallel zu einer Koordinatenachse.

4.5 Schnittwinkel

Ist der Schnittwinkel α zweier geometrischer Objekte gesucht, so ist der spitze Winkel, den diese beiden Objekte einschließen, zu berechnen.

Schnittwinkel zwischen zwei Geraden
Der Schnittwinkel α zweier Geraden entspricht dem spitzen Winkel zwischen ihren Richtungsvektoren $\vec{u}$ und $\vec{v}$:

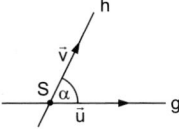

$$\cos\alpha = \frac{|\vec{u} \circ \vec{v}|}{|\vec{u}| \cdot |\vec{v}|} \quad (0° \le \alpha \le 90°)$$

Schnittwinkel zwischen Gerade und Ebene
Der Schnittwinkel α zwischen einer Geraden und einer Ebene entspricht dem Komplementärwinkel des spitzen Winkels zwischen Normalenvektor $\vec{n}$ und Richtungsvektor $\vec{u}$:

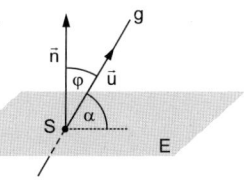

$$\cos\varphi = \frac{|\vec{n} \circ \vec{u}|}{|\vec{n}| \cdot |\vec{u}|} \quad und \quad \alpha = 90° - \varphi$$

oder $\quad \sin\alpha = \dfrac{|\vec{n} \circ \vec{u}|}{|\vec{n}| \cdot |\vec{u}|}$

Schnittwinkel zwischen zwei Ebenen
Der Schnittwinkel α zweier Ebenen entspricht dem spitzen Winkel zwischen ihren Normalenvektoren $\vec{n}$ und $\vec{m}$:

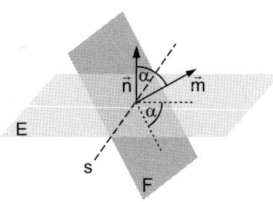

$$\cos\alpha = \frac{|\vec{n} \circ \vec{m}|}{|\vec{n}| \cdot |\vec{m}|}$$

Bestimmen Sie den Schnittwinkel α der Ebene E: $x_1 - 2x_2 - 2 = 0$ mit der Geraden g: $\vec{X} = \begin{pmatrix} 2 \\ -4 \\ 2 \end{pmatrix} + \lambda \cdot \begin{pmatrix} 0 \\ 2 \\ 1 \end{pmatrix}$; $\lambda \in \mathbb{R}$.

$$\cos\varphi = \frac{\left| \begin{pmatrix} 1 \\ -2 \\ 0 \end{pmatrix} \circ \begin{pmatrix} 0 \\ 2 \\ 1 \end{pmatrix} \right|}{\left| \begin{pmatrix} 1 \\ -2 \\ 0 \end{pmatrix} \right| \cdot \left| \begin{pmatrix} 0 \\ 2 \\ 1 \end{pmatrix} \right|} = \frac{|0 - 4 + 0|}{\sqrt{1^2 + (-2)^2 + 0^2} \cdot \sqrt{0^2 + 2^2 + 1^2}} = \frac{4}{5} \quad \Rightarrow \quad \varphi \approx 36,87°$$

und $\alpha = 90° - \varphi = 53,13°$

oder $\quad \sin\alpha = \dfrac{4}{5} \quad \Rightarrow \quad \alpha \approx 53,13°$

5 Abstände zwischen geometrischen Objekten (nur WPG 2)

5.1 Abstand zu einer Ebene

Abstand Punkt – Ebene
Gegeben ist ein Punkt $P(p_1 \mid p_2 \mid p_3)$ und
die Ebene E in Koordinatenform:
E: $n_1x_1 + n_2x_2 + n_3x_3 = d$

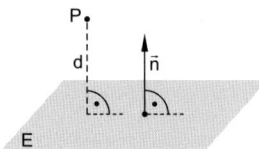

Vorgehensweise 1 (Lotfußpunktverfahren)
Schritt 1: Aufstellen der Gleichung der Lotgeraden ℓ (Aufpunkt P;
Richtungsvektor $\vec{n}$)
$\ell: \vec{x} = \vec{p} + r \cdot \vec{n}, r \in \mathbb{R}$

Schritt 2: Bestimmung des Schnittpunktes F von Ebene und Lotgerade
$\ell \cap E = \{F\}$

Schritt 3: Berechnung des Abstandes $d(P; F) = d(P; E)$

Vorgehensweise 2 (Hesse'sche Normalenform)
$$d(P; E) = \frac{\mid n_1p_1 + n_2p_2 + n_3p_3 - d \mid}{\mid \vec{n} \mid} \quad \text{(vgl. Abschnitt 3.4)}$$

Die Berechnung des Abstands einer Geraden zu einer parallel verlaufenden Ebene bzw. zweier paralleler Ebenen lässt sich jeweils zurückführen auf die Berechnung des Abstands eines Punktes zu einer Ebene.

Abstand Gerade – Ebene
Der Abstand einer zur Ebene E parallel
verlaufenden Geraden g zur Ebene E entspricht dem Abstand eines beliebigen
Punktes P der Geraden zur Ebene:
$d(g; E) = d(P; E)$ mit $P \in g$ beliebig

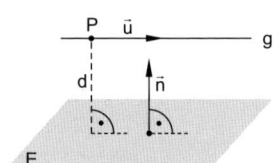

Abstand Ebene – Ebene

Der Abstand einer zur Ebene E parallel
verlaufenden Ebene F zur Ebene E entspricht dem Abstand eines beliebigen
Punktes P der Ebene F zur Ebene E:
$d(F; E) = d(P; E)$ mit $P \in F$ beliebig

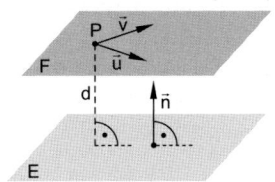

Berechnen Sie den Abstand der beiden parallelen Ebenen
$E_1: -2x_1 + 2x_2 + x_3 = -9$ und

$E_2: \vec{x} = \begin{pmatrix} 1 \\ 2 \\ 4 \end{pmatrix} + r \cdot \begin{pmatrix} 1 \\ 0 \\ 2 \end{pmatrix} + s \cdot \begin{pmatrix} 2 \\ 3 \\ -2 \end{pmatrix}$; $r, s \in \mathbb{R}$.

Der Abstand der parallelen Ebenen entspricht dem Abstand des Auf-
punktes $P(1 \,|\, 2 \,|\, 4)$ der Ebene E_2 zur Ebene E_1.

Vorgehensweise 1:

Schritt 1: Aufstellen der Gleichung der Lotgeraden

$\ell: \vec{x} = \begin{pmatrix} 1 \\ 2 \\ 4 \end{pmatrix} + r \cdot \begin{pmatrix} -2 \\ 2 \\ 1 \end{pmatrix}$; $r \in \mathbb{R}$

Schritt 2: Bestimmung des Schnittpunktes von Ebene und Lotgerade
$$-2(1 - 2r) + 2(2 + 2r) + (4 + r) = -9$$
$$-2 + 4r + 4 + 4r + 4 + r = -9$$
$$9r = -15$$
$$r = -\tfrac{5}{3}$$

$$\vec{F} = \begin{pmatrix} 1 \\ 2 \\ 4 \end{pmatrix} - \tfrac{5}{3} \begin{pmatrix} -2 \\ 2 \\ 1 \end{pmatrix} = \tfrac{1}{3} \begin{pmatrix} 13 \\ -4 \\ 7 \end{pmatrix}$$

Schritt 3: Abstandsberechnung

$$d(P; F) = \left| \tfrac{1}{3} \begin{pmatrix} 13 \\ -4 \\ 7 \end{pmatrix} - \begin{pmatrix} 1 \\ 2 \\ 4 \end{pmatrix} \right| = \left| \begin{pmatrix} \tfrac{10}{3} \\ -\tfrac{10}{3} \\ -\tfrac{5}{3} \end{pmatrix} \right| = \sqrt{\tfrac{100}{9} + \tfrac{100}{9} + \tfrac{25}{9}} = \sqrt{25} = 5$$

Vorgehensweise 2:

$$d(E_2; E_1) = d(P; E_1) = \frac{|-2 \cdot 1 + 2 \cdot 2 + 1 \cdot 4 + 9|}{\sqrt{(-2)^2 + 2^2 + 1^2}} = \frac{|15|}{\sqrt{9}} = \frac{15}{3} = 5$$

5.2 Abstand eines Punktes zu einer Geraden

Der Abstand eines Punktes P zu einer Geraden g entspricht der Länge
des Lotes, das von P auf die Gerade gefällt wird. Zur Bestimmung
dieses Abstands ermittelt man den Lotfußpunkt.

Vorgehensweise 1

Schritt 1: Gleichung einer Hilfsebene H
aufstellen, die den Punkt P enthält und
senkrecht auf der Geraden g steht
$$H: \vec{u} \circ (\vec{X} - \vec{P}) = 0$$

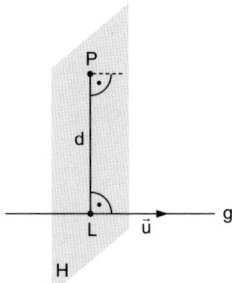

Schritt 2: Lotfußpunkt L als Schnittpunkt
von g und H berechnen

Schritt 3: Abstand von P zu g als Abstand
von P zu L berechnen (Länge des Lotes)
$$d(P; g) = d(P; L) = \left| \overrightarrow{PL} \right|$$

Vorgehensweise 2

Schritt 1: Verbindungsvektor $\overrightarrow{PL}$ aufstellen,
wobei L zunächst ein allgemeiner Geraden-
punkt von g ist (in Abhängigkeit von λ)

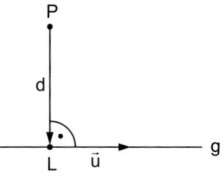

Schritt 2: Parameter λ aus der Bedingung
$\overrightarrow{PL} \circ \vec{u} = 0$ bestimmen und Koordinaten des
Lotfußpunktes L durch Einsetzen von λ in
die Gleichung von g berechnen

Schritt 3: Abstand von P zu g als Abstand von P zu L berechnen
$$d(P; g) = d(P; L) = \left| \overrightarrow{PL} \right| \quad \text{(Länge des Lotes)}$$

 Bestimmen Sie den Abstand des Punktes $P(-6 \mid 2 \mid 5)$ zur Geraden
$$g: \vec{X} = \begin{pmatrix} 0 \\ 2 \\ 2 \end{pmatrix} + \lambda \cdot \begin{pmatrix} 2 \\ -2 \\ 1 \end{pmatrix}; \ \lambda \in \mathbb{R}.$$

Vorgehensweise 1

Schritt 1:
$$H: \begin{pmatrix} 2 \\ -2 \\ 1 \end{pmatrix} \circ \left(\vec{X} - \begin{pmatrix} -6 \\ 2 \\ 5 \end{pmatrix} \right) = 0 \quad \text{bzw.} \quad H: 2x_1 - 2x_2 + x_3 + 11 = 0$$

Schritt 2: Einsetzen der einzelnen Koordinaten von g in H:

$$2 \cdot (0 + 2\lambda) - 2 \cdot (2 - 2\lambda) + (2 + \lambda) + 11 = 0$$
$$4\lambda - 4 + 4\lambda + 2 + \lambda + 11 = 0$$
$$9\lambda = -9$$
$$\lambda = -1$$

$$\Rightarrow \quad \vec{L} = \begin{pmatrix} 0 \\ 2 \\ 2 \end{pmatrix} + (-1) \cdot \begin{pmatrix} 2 \\ -2 \\ 1 \end{pmatrix} = \begin{pmatrix} -2 \\ 4 \\ 1 \end{pmatrix} \quad \Rightarrow \quad L(-2 \,|\, 4 \,|\, 1)$$

Schritt 3:

$$d(P; g) = |\overrightarrow{PL}| = \left| \begin{pmatrix} -2 \\ 4 \\ 1 \end{pmatrix} - \begin{pmatrix} -6 \\ 2 \\ 5 \end{pmatrix} \right| = \left| \begin{pmatrix} 4 \\ 2 \\ -4 \end{pmatrix} \right| = \sqrt{4^2 + 2^2 + (-4)^2} = \sqrt{36} = 6$$

Vorgehensweise 2

Schritt 1:

$$\overrightarrow{PL} = \begin{pmatrix} 0 + 2\lambda \\ 2 - 2\lambda \\ 2 + \lambda \end{pmatrix} - \begin{pmatrix} -6 \\ 2 \\ 5 \end{pmatrix} = \begin{pmatrix} 6 + 2\lambda \\ -2\lambda \\ -3 + \lambda \end{pmatrix}$$

Schritt 2:

$$\overrightarrow{PL} \circ \vec{u} = 0$$

$$\Leftrightarrow \quad \begin{pmatrix} 6 + 2\lambda \\ -2\lambda \\ -3 + \lambda \end{pmatrix} \circ \begin{pmatrix} 2 \\ -2 \\ 1 \end{pmatrix} = 0$$

$$\Leftrightarrow \quad 12 + 4\lambda + 4\lambda - 3 + \lambda = 0$$

$$\Leftrightarrow \quad 9\lambda = -9$$

$$\Leftrightarrow \quad \lambda = -1$$

Die weitere Rechnung erfolgt analog zu Vorgehensweise 1.

Abstand paralleler Geraden

Die Berechnung des Abstands zweier paralleler Geraden lässt sich zurückführen auf die Berechnung des Abstands eines Punktes zu einer Geraden.

Der Abstand zweier parallel verlaufender Geraden g und h entspricht dem Abstand eines beliebigen Punktes P der Geraden h zur Geraden g:

$$d(h; g) = d(P; g) \text{ mit } P \in h \text{ beliebig}$$

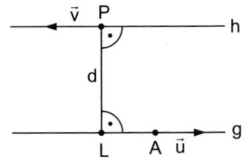

5.3 Abstand zweier windschiefer Geraden

Die Berechnung des Abstands zweier windschiefer Geraden g und h lässt sich zurückführen auf die Berechnung des Abstands eines beliebigen Punktes der einen Geraden zu einer Hilfsebene.

Vorgehensweise

Schritt 1: Gleichung einer Hilfsebene H, die die Gerade h enthält und parallel zur Geraden g liegt, in Normalenform aufstellen

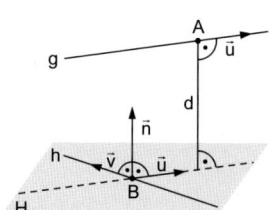

H: $(\vec{u} \times \vec{v}) \circ (\vec{X} - \vec{B}) = 0$

(mit $\vec{u}$ und $\vec{v}$ als Richtungsvektoren von g und h und B als Aufpunkt von h)

Schritt 2: Abstand von g zu h als Abstand eines Punktes der Geraden g zur Ebene H berechnen (vgl. Abschnitt 5.1)

$d(g; h) = d(A; H)$ mit $A \in g$ beliebig

 Bestimmen Sie den Abstand der beiden windschiefen Geraden

g: $\vec{X} = \begin{pmatrix} 4 \\ 1 \\ 3 \end{pmatrix} + \lambda \cdot \begin{pmatrix} -2 \\ 2 \\ -1 \end{pmatrix}$ und h: $\vec{X} = \begin{pmatrix} 5 \\ -1 \\ 0 \end{pmatrix} + \mu \cdot \begin{pmatrix} 2 \\ -3 \\ 2 \end{pmatrix}$; $\lambda, \mu \in \mathbb{R}$.

Schritt 1:

$\vec{n} = \begin{pmatrix} -2 \\ 2 \\ -1 \end{pmatrix} \times \begin{pmatrix} 2 \\ -3 \\ 2 \end{pmatrix} = \begin{pmatrix} 4 - 3 \\ -2 - (-4) \\ 6 - 4 \end{pmatrix} = \begin{pmatrix} 1 \\ 2 \\ 2 \end{pmatrix}$

H: $\begin{pmatrix} 1 \\ 2 \\ 2 \end{pmatrix} \circ \left[\vec{X} - \begin{pmatrix} 5 \\ -1 \\ 0 \end{pmatrix} \right] = 0$ bzw. H: $x_1 + 2x_2 + 2x_3 - 3 = 0$

Schritt 2:

Mit dem Aufpunkt A(4 | 1 | 3) von g gilt:

$d(g; h) = d(A; H) = \dfrac{|1 \cdot 4 + 2 \cdot 1 + 2 \cdot 3 - 3|}{\sqrt{1^2 + 2^2 + 2^2}} = \dfrac{|9|}{\sqrt{9}} = \dfrac{9}{3} = 3$

6 Die Kugel (nur WPG 2)

Eine Kugel enthält alle Punkte des Raums, die zu einem bestimmten Punkt M (Mittelpunkt) dieselbe Entfernung r (Radius) besitzen.

Eine Kugel mit dem Mittelpunkt M und dem Radius r kann beschrieben werden durch eine Gleichung der Form

K: $(\vec{X} - \vec{M})^2 = r^2$

oder in Koordinatendarstellung:

K: $(x_1 - m_1)^2 + (x_2 - m_2)^2 + (x_3 - m_3)^2 = r^2$

6.1 Lage eines Punktes zu einer Kugel

Die Lage eines Punktes P zu einer Kugel K wird durch den Abstand von P zum Mittelpunkt M der Kugel bestimmt. Es sind drei Fälle möglich:

(1) P liegt innerhalb der Kugel K.

$d(P; M) = |\overrightarrow{MP}| < r$

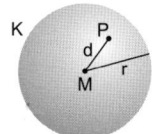

(2) P liegt auf der Kugel K.

$d(P; M) = |\overrightarrow{MP}| = r$

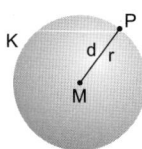

(3) P liegt außerhalb der Kugel K.

$d(P; M) = |\overrightarrow{MP}| > r$

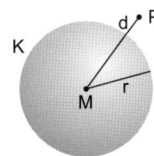

6.2 Lage einer Ebene zu einer Kugel

Die Lage einer Ebene E zu einer Kugel K wird durch den Abstand des Mittelpunktes M der Kugel zur Ebene bestimmt. Dieser Abstand kann wie in Abschnitt 5.1 beschrieben ermittelt werden. Es sind drei Fälle möglich:

(1) Kugel und Ebene schneiden sich in einem Schnittkreis.
$d(M; E) < r$

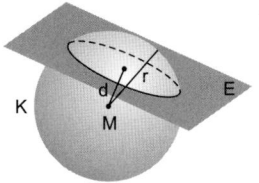

(2) Kugel und Ebene berühren sich in einem Punkt.
$d(M; E) = r$

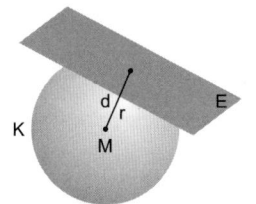

(3) Kugel und Ebene haben keine gemeinsamen Punkte.
$d(M; E) > r$

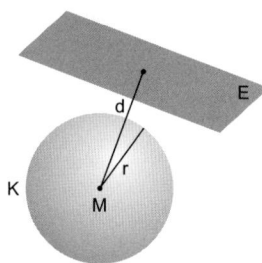

6.3 Lage zweier Kugeln

Die gegenseitige Lage zweier Kugeln K_1 und K_2 wird durch den Abstand ihrer beiden Mittelpunkte M_1 und M_2 bestimmt. Hier gibt es fünf mögliche Fälle:

(1) Die Kugeln haben keine
gemeinsamen Punkte.
$d(M_1; M_2) > r_1 + r_2$

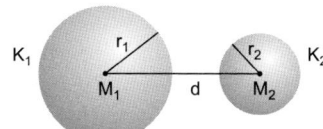

(2) Die Kugeln berühren sich
von außen in einem Punkt.
$d(M_1; M_2) = r_1 + r_2$

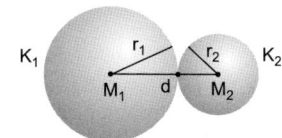

(3) Die Kugeln schneiden sich
in einem Schnittkreis.
$|r_1 - r_2| < d(M_1; M_2) < r_1 + r_2$

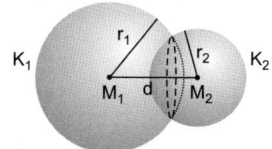

(4) Die Kugeln berühren sich
von innen in einem Punkt.
$d(M_1; M_2) = |r_1 - r_2|$

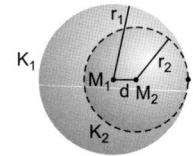

(5) Die Kugeln liegen ineinander.
$d(M_1; M_2) < |r_1 - r_2|$

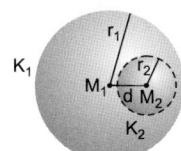

7 Matrizen und Abbildungen (nur WPG 1)

7.1 Grundlagen

Definition einer Matrix

Unter einer Matrix versteht man ein recht-
eckiges Zahlenschema aus m Zeilen und
n Spalten, das man wie nebenstehend mit
Klammern notieren kann.

$$A = \begin{pmatrix} a_{11} & a_{12} & \cdots & a_{1n} \\ a_{21} & a_{22} & \cdots & a_{2n} \\ \vdots & \vdots & \vdots & \vdots \\ a_{m1} & a_{m2} & \cdots & a_{mn} \end{pmatrix}$$

Eine Matrix mit m Zeilen und n Spalten bezeichnet man auch als
$(m \times n)$-Matrix.

Das Matrixelement, das in der 3. Zeile und 2. Spalte der Matrix steht,
wird mit a_{32} bezeichnet. Der 1. Index gibt die Nummer der Zeile, der
2. Index die Nummer der Spalte an, in der das Element steht.

Addition und Subtraktion von Matrizen

Zwei Matrizen A und B werden addiert bzw. subtrahiert, indem man
die in den Matrizen an entsprechender Stelle stehenden Elemente
addiert bzw. subtrahiert.

$$A + B = \begin{pmatrix} a_{11} & a_{12} & a_{13} \\ a_{21} & a_{22} & a_{23} \\ a_{31} & a_{32} & a_{33} \end{pmatrix} + \begin{pmatrix} b_{11} & b_{12} & b_{13} \\ b_{21} & b_{22} & b_{23} \\ b_{31} & b_{32} & b_{33} \end{pmatrix} = \begin{pmatrix} a_{11} + b_{11} & a_{12} + b_{12} & a_{13} + b_{13} \\ a_{21} + b_{21} & a_{22} + b_{22} & a_{23} + b_{23} \\ a_{31} + b_{31} & a_{32} + b_{32} & a_{33} + b_{33} \end{pmatrix}$$

Skalare Multiplikation von Matrizen

Eine Matrix A wird mit einer reellen Zahl r (Skalar) multipliziert,
indem man alle Matrixelemente mit der reellen Zahl r multipliziert.

$$r \cdot A = \begin{pmatrix} r \cdot a_{11} & r \cdot a_{12} & \cdots & r \cdot a_{1n} \\ r \cdot a_{21} & r \cdot a_{22} & \cdots & r \cdot a_{2n} \\ \vdots & \vdots & \vdots & \vdots \\ r \cdot a_{n1} & r \cdot a_{n2} & \cdots & r \cdot a_{nn} \end{pmatrix}$$

Multiplikation einer Matrix mit einem Vektor

Ist A eine $(m \times n)$-Matrix und $\vec{x}$ ein $(n \times 1)$-Spaltenvektor, dann ist das
Produkt ein $(m \times 1)$-Spaltenvektor.

$$A \cdot \vec{x} = \begin{pmatrix} a_{11} & a_{12} & a_{13} \\ a_{21} & a_{22} & a_{23} \\ a_{31} & a_{32} & a_{33} \end{pmatrix} \cdot \begin{pmatrix} x_1 \\ x_2 \\ x_3 \end{pmatrix} = \begin{pmatrix} a_{11} \cdot x_1 + a_{12} \cdot x_2 + a_{13} \cdot x_3 \\ a_{21} \cdot x_1 + a_{22} \cdot x_2 + a_{23} \cdot x_3 \\ a_{31} \cdot x_1 + a_{32} \cdot x_2 + a_{33} \cdot x_3 \end{pmatrix}$$

Multiplikation zweier Matrizen

Ist A eine $(m \times n)$-Matrix und B eine $(n \times p)$-Matrix, dann berechnet sich die $(m \times p)$-Matrix C als Produkt der Matrizen A und B folgendermaßen:

$$C = A \cdot B = \begin{pmatrix} a_{11} & a_{12} & a_{13} \\ a_{21} & a_{22} & a_{23} \\ a_{31} & a_{32} & a_{33} \end{pmatrix} \cdot \begin{pmatrix} b_{11} & b_{12} & b_{13} \\ b_{21} & b_{22} & b_{23} \\ b_{31} & b_{32} & b_{33} \end{pmatrix} = \begin{pmatrix} a_{11} \cdot b_{11} + a_{12} \cdot b_{21} + a_{13} \cdot b_{31} \\ a_{21} \cdot b_{11} + a_{22} \cdot b_{21} + a_{23} \cdot b_{31} \\ a_{31} \cdot b_{11} + a_{32} \cdot b_{21} + a_{33} \cdot b_{31} \end{pmatrix} \ldots$$

$$\ldots \begin{matrix} a_{11} \cdot b_{12} + a_{12} \cdot b_{22} + a_{13} \cdot b_{32} & a_{11} \cdot b_{13} + a_{12} \cdot b_{23} + a_{13} \cdot b_{33} \\ a_{21} \cdot b_{12} + a_{22} \cdot b_{22} + a_{23} \cdot b_{32} & a_{21} \cdot b_{13} + a_{22} \cdot b_{23} + a_{23} \cdot b_{33} \\ a_{31} \cdot b_{12} + a_{32} \cdot b_{22} + a_{33} \cdot b_{32} & a_{31} \cdot b_{13} + a_{32} \cdot b_{23} + a_{33} \cdot b_{33} \end{matrix} \Bigg)$$

Das Produkt zweier Matrizen ist nur dann definiert, wenn die Anzahl der Spalten der linken Matrix gleich der Anzahl der Zeilen der rechten Matrix ist.

Die Matrizenmultiplikation ist **assoziativ**, d. h. $A \cdot (B \cdot C) = (A \cdot B) \cdot C$. Die Matrizenmultiplikation ist im Allgemeinen **nicht kommutativ**, d. h. $A \cdot B \neq B \cdot A$.

Inverse einer Matrix

Ist A eine quadratische Matrix, also eine Matrix mit gleicher Zeilen- und Spaltenanzahl, so nennt man A^{-1} die **inverse Matrix** von A, wenn Folgendes gilt:

$A \cdot A^{-1} = E = A^{-1} \cdot A$ (E Einheitsmatrix)

Es gilt:

$(A \cdot B)^{-1} = B^{-1} \cdot A^{-1}$ und $(A^{-1})^{-1} = A$

Inverse Matrizen können mit dem GTR/CAS schnell berechnet werden.

Eigenschaften von Matrizen

Die **Spur** einer (3×3)-Matrix A ist die Summe der Einträge auf ihrer Hauptdiagonalen:

$\text{Spur}(A) = a_{11} + a_{22} + a_{33}$

Analog ist die Spur für (2×2)-Matrizen definiert.

Berechnen Sie die Spur der Matrix $A = \begin{pmatrix} 5 & 4 \\ 3 & 2 \end{pmatrix}$.

$\text{Spur}(A) = 5 + 2 = 7$

Die **Determinante** einer (3×3)-Matrix A ist folgendermaßen definiert:

$$\det(A) = \begin{vmatrix} a_{11} & a_{12} & a_{13} \\ a_{21} & a_{22} & a_{23} \\ a_{31} & a_{32} & a_{33} \end{vmatrix}$$

$$= a_{11} \cdot a_{22} \cdot a_{33} + a_{12} \cdot a_{23} \cdot a_{31} + a_{13} \cdot a_{21} \cdot a_{32}$$

$$- a_{13} \cdot a_{22} \cdot a_{31} - a_{11} \cdot a_{23} \cdot a_{32} - a_{12} \cdot a_{21} \cdot a_{33}$$

Die **Determinante** einer (2×2)-Matrix B ist:

$$\det(B) = \begin{vmatrix} b_{11} & b_{12} \\ b_{21} & b_{22} \end{vmatrix} = b_{11} \cdot b_{22} - b_{21} \cdot b_{12}$$

Berechnen Sie die Determinante der Matrix $M = \begin{pmatrix} 6 & 4 \\ 3 & 2 \end{pmatrix}$.

$$\det(M) = \begin{vmatrix} 6 & 4 \\ 3 & 2 \end{vmatrix} = 6 \cdot 2 - 3 \cdot 4 = 0$$

7.2 Abbildungen

Jede affine Abbildung α ist durch eine Matrix A und einen Vektor $\vec{t}$ festgelegt. Für einen Punkt $X(x_1 | x_2 | x_3)$ und seinen Bildpunkt $X'(x_1' | x_2' | x_3')$ gilt:

$$\vec{x}' = A \cdot \vec{x} + \vec{t}$$

Die Spalten der Abbildungsmatrix entsprechen den Bildern der Einheitsvektoren, wenn alle Einträge in $\vec{t}$ gleich null sind.

Es gibt **Kongruenz-** und **Ähnlichkeitsabbildungen**.

Beispiele für Kongruenzabbildungen im $\mathbb{R}^2$:

1. $A = \begin{pmatrix} \cos\varphi & -\sin\varphi \\ \sin\varphi & \cos\varphi \end{pmatrix}$

   Drehung um $(0|0)$ um den Winkel φ

2. $B = \begin{pmatrix} 1 & 0 \\ 0 & -1 \end{pmatrix}$

   Spiegelung an der x_1-Achse

3. $C = \begin{pmatrix} -1 & 0 \\ 0 & 1 \end{pmatrix}$

   Spiegelung an der x_2-Achse

Beispiel für eine Ähnlichkeitsabbildung im $\mathbb{R}^3$:

$$D = \begin{pmatrix} k & 0 & 0 \\ 0 & k & 0 \\ 0 & 0 & k \end{pmatrix}$$

Zentrische Streckung mit dem Faktor k

 Bei der Abbildung α mit $\vec{t} = \begin{pmatrix} 0 \\ 0 \end{pmatrix}$ wird A(1|0) auf A'(3|0) und B(1|1) auf B'(3|−3) abgebildet. Bestimmen Sie die Abbildungsmatrix.

Die erste Spalte der Abbildungsmatrix kann direkt abgelesen werden, da der Einheitsvektor $\vec{e}_1 = \begin{pmatrix} 1 \\ 0 \end{pmatrix}$ auf $\vec{e}_1' = \begin{pmatrix} 3 \\ 0 \end{pmatrix}$ abgebildet wird. Da das Bild von $\vec{e}_2 = \begin{pmatrix} 0 \\ 1 \end{pmatrix}$ nicht gegeben ist, wird für das Bild des Einheitsvektors der allgemeine Vektor $\vec{e}_2' = \begin{pmatrix} a \\ b \end{pmatrix}$ eingesetzt:

$$A = \begin{pmatrix} 3 & a \\ 0 & b \end{pmatrix}$$

Um a und b zu bestimmen, wird die folgende Gleichung genutzt:

$$\vec{B'} = A \cdot \vec{B}$$

$$\begin{pmatrix} 3 \\ -3 \end{pmatrix} = \begin{pmatrix} 3 & a \\ 0 & b \end{pmatrix} \cdot \begin{pmatrix} 1 \\ 1 \end{pmatrix}$$

$$\begin{pmatrix} 3 \\ -3 \end{pmatrix} = \begin{pmatrix} 3+a \\ b \end{pmatrix} \quad \Rightarrow \quad \begin{matrix} a = 0 \\ b = -3 \end{matrix}$$

Damit folgt für die Abbildungsmatrix:

$$A = \begin{pmatrix} 3 & 0 \\ 0 & -3 \end{pmatrix}$$

7.3 Fixvektoren

Ein Vektor $\vec{v} \neq \vec{o}$ ist **Fixvektor** einer Matrix A, wenn gilt:

$$A \cdot \vec{v} = \vec{v}$$

Ist $\vec{v}$ Fixvektor der Matrix A, so ist auch $a \cdot \vec{v}$ mit $a \in \mathbb{R} \setminus \{0\}$ Fixvektor von A.

Ist eine Matrix $A = \begin{pmatrix} a_{11} & a_{12} & a_{13} \\ a_{21} & a_{22} & a_{23} \\ a_{31} & a_{32} & a_{33} \end{pmatrix}$ gegeben, so bestimmt man einen

Fixvektor $\vec{v}$ durch Lösung der Vektorgleichung:

$$\begin{pmatrix} a_{11}-1 & a_{12} & a_{13} \\ a_{21} & a_{22}-1 & a_{23} \\ a_{31} & a_{32} & a_{33}-1 \end{pmatrix} \cdot \vec{v} = \vec{o}$$

Bestimmen Sie einen Fixvektor der Matrix $A = \begin{pmatrix} 2 & -3 & 1 \\ 3 & 1 & 3 \\ -5 & 2 & -4 \end{pmatrix}$.

Mit $\vec{v} = \begin{pmatrix} v_1 \\ v_2 \\ v_3 \end{pmatrix}$ muss gelten:

$$\begin{pmatrix} 1 & -3 & 1 \\ 3 & 0 & 3 \\ -5 & 2 & -5 \end{pmatrix} \cdot \begin{pmatrix} v_1 \\ v_2 \\ v_3 \end{pmatrix} = \vec{o}$$

Damit erhält man das LGS:

I $\quad\quad v_1 - 3v_2 + v_3 = 0$

II $\quad 3v_1 \quad\quad\quad + 3v_3 = 0$

III $-5v_1 + 2v_2 - 5v_3 = 0$

Aus II: $v_1 = -v_3$

$5 \cdot I + III: -13v_2 = 0$

Setzt man $v_1 = 1$, so ergibt sich der mögliche Fixvektor $\vec{v} = \begin{pmatrix} 1 \\ 0 \\ -1 \end{pmatrix}$.

7.4 Anwendungsbeispiele von Matrizen

Anmerkung:
Im WPG 1 wird zumindest ein Anwendungsbeispiel zur Matrizen-
rechnung ausführlich behandelt. Typische Anwendungen sind im
Folgenden aufgeführt und erklärt.

Übergangsmatrizen

Beobachtet wird ein Prozess, bei dem in festen Zeitabständen zu jedem Beobachtungszeitpunkt nur einer von endlich vielen Zuständen
$Z_1, \ldots, Z_n$ angenommen werden kann. Erfolgen alle Zustandswechsel
von einem zum nächsten Beobachtungszeitpunkt zufällig und mit kon-
stanten Übergangswahrscheinlichkeiten, so heißt
• die Matrix A mit den eingetragenen Übergangswahrscheinlichkeiten
  die **Übergangsmatrix** des Prozesses,
• das Diagramm mit den eingetragenen Wahrscheinlichkeiten das
  Prozessdiagramm.

Mit Übergangsmatrizen und Prozessdiagrammen können Austausch-
prozesse oder stochastische Prozesse beschrieben werden.

Das Element a_{ik} der Übergangsmatrix A gibt
* bei **Austauschprozessen** den Anteil der beobachteten Objekte an, die vom Zustand Z_k in den Zustand Z_i wechseln.
* bei **stochastischen Prozessen** die Wahrscheinlichkeit dafür an, dass das System vom Zustand Z_k in den Zustand Z_i übergeht.

Stochastische Matrizen

Die Matrix A ist eine stochastische Matrix, wenn
* sie quadratisch ist (Zeilenanzahl = Spaltenanzahl),
* sie nur nicht negative Matrixelemente enthält
* und in jeder Spalte die Summe der Elemente 1 beträgt.

Bei den Übergangsmatrizen von Austauschprozessen und stochastischen Prozessen handelt es sich immer um stochastische Matrizen. Bei einem Austauschprozess ändert sich der Gesamtbestand der beobachteten Objekte nicht, sondern nur ihre Verteilung auf die verschiedenen Zustände.

Zustandsvektoren

Zustandsverteilungen werden mithilfe von Zustandsvektoren beschrieben. Ist ein Zustandsvektor $\vec{v}_i$ sowie eine Übergangsmatrix A bekannt, so wird der Zustandsvektor $\vec{v}_{i+1}$ zum folgenden Beobachtungszeitpunkt berechnet mit:

$$\vec{v}_{i+1} = A \cdot \vec{v}_i$$

Geben Sie zum nebenstehenden Prozessdiagramm die zugehörige Übergangsmatrix an.

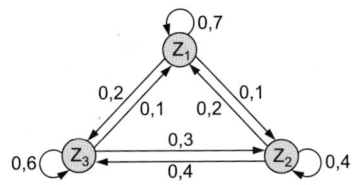

Ein Übertragen der Übergangswahrscheinlichkeiten aus dem Prozessdiagramm in eine Tabelle ist rechts dargestellt.

von:	Z_1	Z_2	Z_3
nach: Z_1	0,7	0,2	0,1
Z_2	0,1	0,4	0,3
Z_3	0,2	0,4	0,6

Die Übergangsmatrix lautet damit:

$$A = \begin{pmatrix} 0,7 & 0,2 & 0,1 \\ 0,1 & 0,4 & 0,3 \\ 0,2 & 0,4 & 0,6 \end{pmatrix}$$

Input-Output-Analyse

Betrachtet wird beispielsweise ein Unternehmen, bei dem drei Grundelemente G_1, G_2 und G_3 (**Input**) zu drei Endprodukten E_1, E_2 und E_3 (**Output**) verarbeitet werden. Mithilfe der **Technologiematrix T** (auch Prozessmatrix oder Verflechtungsmatrix) wird der Bedarf an Grundelementen zur Fertigung der Endprodukte dargestellt:

$$T = \begin{matrix} & E_1 & E_2 & E_3 \\ G_1 \\ G_2 \\ G_3 \end{matrix} \begin{pmatrix} t_{11} & t_{12} & t_{13} \\ t_{21} & t_{22} & t_{23} \\ t_{31} & t_{32} & t_{33} \end{pmatrix}$$

Beschreibt außerdem ein Vektor $\vec{b}$ eine bestimmte Menge der drei Endprodukte, beispielsweise den Umfang einer Kundenbestellung, so wird mit dem Matrix-Vektor-Produkt $T \cdot \vec{b}$ die dafür benötigte Menge an Grundelementen bestimmt.

Ein Hersteller für Baumaschinen verwendet drei verschiedene Metalllegierungen L_1, L_2 und L_3 für die Produktion dreier Maschinen M_1, M_2 und M_3. Es werden folgende Mengen (Masseeinheiten) der Legierungen zur Produktion der drei Maschinen benötigt:

- Für eine Maschine M_1: 1 Einheit L_1, 3 Einheiten L_2, 4 Einheiten L_3
- Für eine Maschine M_2: 1 Einheit L_2, 3 Einheiten L_3
- Für eine Maschine M_3: 4 Einheiten L_1, 2 Einheiten L_2, 1 Einheit L_3

Ein Großkunde bestellt 100 Maschinen M_1, 160 Maschinen M_2 und 220 Maschinen M_3.

Bestimmen Sie die Mengen der drei Legierungen, die zur Herstellung der bestellten Maschinen benötigt werden.

Die Technologiematrix T und der Bestellmengenvektor $\vec{b}$ lauten:

$$T = \begin{pmatrix} 1 & 0 & 4 \\ 3 & 1 & 2 \\ 4 & 3 & 1 \end{pmatrix}; \quad \vec{b} = \begin{pmatrix} 100 \\ 160 \\ 220 \end{pmatrix}$$

Der Vektor $\vec{c}$ beschreibt die benötigten Mengen an L_1, L_2 und L_3:

$$\vec{c} = T \cdot \vec{b} = \begin{pmatrix} 1 & 0 & 4 \\ 3 & 1 & 2 \\ 4 & 3 & 1 \end{pmatrix} \cdot \begin{pmatrix} 100 \\ 160 \\ 220 \end{pmatrix} = \begin{pmatrix} 980 \\ 900 \\ 1100 \end{pmatrix}$$

Es werden insgesamt 980 Einheiten L_1, 900 Einheiten L_2 und 1100 Einheiten L_3 benötigt.

Stochastik

1 Ereignisse

Ergebnisraum und Ereignisse
Der Ergebnisraum Ω umfasst alle möglichen Ausgänge (Ergebnisse) eines Zufallsexperiments. Die Anzahl der Elemente von Ω wird als Mächtigkeit $|\Omega|$ bezeichnet.
Jede Teilmenge des Ergebnisraums beschreibt ein Ereignis. Ω selbst heißt sicheres Ereignis (tritt auf jeden Fall ein), die leere Menge $\{\,\}$ unmögliches Ereignis (tritt nie ein). Ein einzelnes Ergebnis wird auch als Elementarereignis bezeichnet.

Durch Verknüpfung einzelner Ereignisse – z. B. durch Bildung der Schnitt- oder Vereinigungsmenge – entstehen neue Ereignisse als Teilmengen des Ergebnisraums.

Ausgehend von zwei Ereignissen A und B als Teilmengen eines Ergebnisraums Ω ergeben sich u. a. folgende weitere Ereignisse:

Gegenereignis
$\overline{A} = \Omega \setminus A$
„Alle Elemente aus Ω, die nicht zu
Ereignis A gehören."

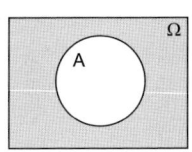

Schnittmenge
$A \cap B$
„Alle Elemente aus Ω, die sowohl zu
Ereignis A als auch zu Ereignis B gehören."

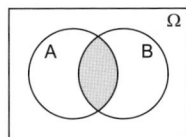

Bemerkung: Die beiden Ereignisse A und B heißen unvereinbar, wenn $A \cap B = \{\,\}$ gilt.

Vereinigungsmenge
$A \cup B$
„Alle Elemente aus Ω, die zu Ereignis A
oder zu Ereignis B oder zu beiden gehören."

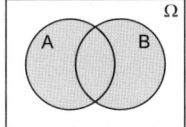

$A \setminus B = A \cap \overline{B}$

„Alle Elemente aus Ω, die zu Ereignis A, aber nicht zu Ereignis B gehören."

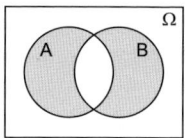

$A \setminus B \cup B \setminus A = (A \cap \overline{B}) \cup (B \cap \overline{A})$

„Alle Elemente aus Ω, die entweder zu Ereignis A oder zu Ereignis B gehören."

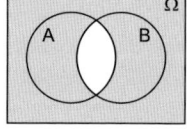

$\overline{A} \cap \overline{B} = \overline{A \cup B}$

Gegenereignis zu $A \cup B$

„Alle Elemente aus Ω, die weder zu Ereignis A noch zu Ereignis B gehören."

$\overline{A} \cup \overline{B} = \overline{A \cap B}$

Gegenereignis zu $A \cap B$

„Alle Elemente aus Ω, die nicht zugleich zu Ereignis A und Ereignis B gehören."

💡 $\Omega \triangleq$ Bevölkerung von Deutschland

A: „Die Person ist ein Mann."

B: „Die Person ist blond."

$\overline{A}$:	Die Person ist kein Mann.
$A \cap B$:	Die Person ist ein blonder Mann.
$A \cup B$:	Die Person ist ein Mann oder blond (oder beides).
$A \setminus B$:	Die Person ist ein Mann, aber nicht blond.
$A \setminus B \cup B \setminus A$:	Die Person ist entweder ein Mann oder blond.
$\overline{A} \cap \overline{B}$:	Die Person ist weder ein Mann noch blond.
$\overline{A} \cup \overline{B}$:	Die Person ist kein blonder Mann.

2 Wahrscheinlichkeitsberechnungen

2.1 Der Wahrscheinlichkeitsbegriff

Den einzelnen Elementen eines Ergebnisraums lassen sich Wahrscheinlichkeiten zuordnen. Die Wahrscheinlichkeit eines Ereignisses A wird mit P(A) bezeichnet.

Eigenschaften der Wahrscheinlichkeit
- $0 \leq P(A) \leq 1$ für jedes Ereignis $A \subseteq \Omega$
- $P(\Omega) = 1$ und $P(\{\}) = 0$
- $P(\overline{A}) = 1 - P(A)$
- $P(A \cup B) = P(A) + P(B) - P(A \cap B)$ (**Additionssatz**)

Bei der Produktion eines Spielzeugs für Kinder können zwei Fehler auftreten. 10 % der produzierten Spielzeuge haben einen Funktionsfehler (F_1), 20 % haben einen Farbfehler (F_2). 25 % aller Spielzeuge haben mindestens einen Fehler. Berechnen Sie die Wahrscheinlichkeit, dass ein Spielzeug beide Fehler aufweist.

Gegeben: $P(F_1) = 0,1$ $P(F_2) = 0,2$ $P(F_1 \cup F_2) = 0,25$

Gesucht: $P(F_1 \cap F_2)$

Nach dem Additionssatz gilt:

$P(F_1 \cup F_2) = P(F_1) + P(F_2) - P(F_1 \cap F_2)$

$\Rightarrow \quad P(F_1 \cap F_2) = P(F_1) + P(F_2) - P(F_1 \cup F_2)$

$P(F_1 \cap F_2) = 0,1 + 0,2 - 0,25 = 0,05$

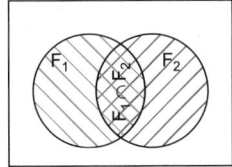
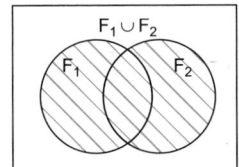

2.2 Laplace-Experimente, Laplace-Wahrscheinlichkeit

Ein Zufallsexperiment, bei dem alle Ergebnisse (Elementarereignisse) aus Ω gleich wahrscheinlich sind, heißt Laplace-Experiment.

Die Wahrscheinlichkeit eines Ereignisses A erhält man in diesem Fall, indem man die Mächtigkeit von A durch die Mächtigkeit von Ω teilt:

$$P(A) = \frac{|A|}{|\Omega|} = \frac{\text{Anzahl der günstigen Fälle}}{\text{Anzahl der möglichen Fälle}}$$

Zwei verschiedene Glücksräder werden je einmal gedreht. Geben Sie jeweils den Ergebnisraum Ω an und entscheiden Sie, ob ein Laplace-Experiment vorliegt. Berechnen Sie in diesem Fall die Wahrscheinlichkeit, dass der Pfeil auf einer geraden Zahl stehen bleibt.

Glücksrad 1

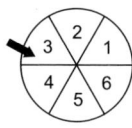

$\Omega = \{1; 2; 3; 4; 5; 6\}$ $|\Omega| = 6$

Laplace-Experiment, da die einzelnen Sektoren des Rades gleich groß sind und damit gilt:

$$P(\{1\}) = P(\{2\}) = \ldots = P(\{6\}) = \tfrac{1}{6}$$

A: „Der Pfeil zeigt auf eine gerade Zahl."

$A = \{2; 4; 6\}$ $|A| = 3$

$$P(A) = \frac{|A|}{|\Omega|} = \frac{3}{6} = \frac{1}{2}$$

Glücksrad 2

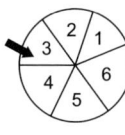

$\Omega = \{1; 2; 3; 4; 5; 6\}$ $|\Omega| = 6$

kein Laplace-Experiment, da die einzelnen Sektoren des Rades nicht gleich groß sind

2.3 Baumdiagramme und Vierfeldertafeln

Baumdiagramm

Ein Baumdiagramm eignet sich zur Bestimmung von Wahrscheinlichkeiten mehrstufiger bzw. zusammengesetzter Zufallsexperimente.

Verzweigungsregel
Bei einem vollständigen Baumdiagramm beträgt die Summe der Wahrscheinlichkeiten aller Äste, die von einem Verzweigungspunkt ausgehen, stets 1.

1. Pfadregel (Produktregel)
Die Wahrscheinlichkeit eines einzelnen Ergebnisses ist das Produkt der Wahrscheinlichkeiten entlang des Pfades, der zu diesem Ergebnis führt.

2. Pfadregel (Summenregel)
Die Wahrscheinlichkeit eines Ereignisses ist die Summe der Wahrscheinlichkeiten der Pfade, die zu diesem Ereignis gehören.

Die Tennisabteilung eines Vereins besteht zu 60 % aus männlichen Mitgliedern, von denen 20 % Linkshänder sind. 10 % aller Mitglieder sind weiblich und Rechtshänder. Zeichnen Sie ein vollständiges Baumdiagramm und ermitteln Sie die Wahrscheinlichkeit, dass ein beliebiges Mitglied des Vereins Linkshänder ist.

M: „Mitglied ist ein Mann."   L: „Mitglied ist Linkshänder."

Die fett gedruckten Werte im Baumdiagramm sind gegeben, die übrigen ergeben sich mithilfe der Verzweigungsregel bzw. der 1. Pfadregel:

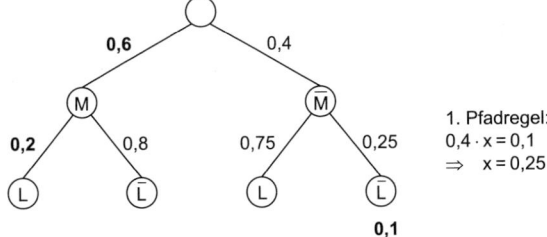

1. Pfadregel:
$0,4 \cdot x = 0,1$
$\Rightarrow \quad x = 0,25$

Die gesuchte Wahrscheinlichkeit erhält man mithilfe der 2. Pfadregel:
$$P(L) = 0,6 \cdot 0,2 + 0,4 \cdot 0,75 = 0,42$$

Vierfeldertafel

Eine Vierfeldertafel eignet sich zur Bestimmung von Wahrscheinlichkeiten der Verknüpfungen zweier Ereignisse A und B. Sie ist folgendermaßen aufgebaut:

	A	$\overline{A}$	
B	$P(A \cap B)$	$P(\overline{A} \cap B)$	$P(B)$
$\overline{B}$	$P(A \cap \overline{B})$	$P(\overline{A} \cap \overline{B})$	$P(\overline{B})$
	$P(A)$	$P(\overline{A})$	1

Die Randwerte ergeben sich dabei jeweils durch Summenbildung.

Bemerkung: In den Feldern können auch absolute Häufigkeiten stehen.

 Die Angaben aus dem vorherigen Beispiel lassen sich auch in einer
Vierfeldertafel darstellen.

Gegeben: $P(M) = 0,6$ $P(M \cap L) = 0,6 \cdot 0,2 = 0,12$ $P(\overline{M} \cap \overline{L}) = 0,1$

Diese Werte sind in der Vierfeldertafel fett gedruckt; die übrigen
Werte ergeben sich entsprechend als Summen bzw. Differenzen:

	M	$\overline{M}$	
L	**0,12**	0,3	0,42
$\overline{L}$	0,48	**0,1**	0,58
	0,6	0,4	1

Die zuvor mithilfe der 2. Pfadregel berechnete Wahrscheinlichkeit
$P(L) = 0,42$ lässt sich aus der Vierfeldertafel direkt ablesen.

2.4 Bedingte Wahrscheinlichkeit und stochastische Unabhängigkeit

Bedingte Wahrscheinlichkeit

Bei einem Zufallsexperiment mit den möglichen Ereignissen A und B heißt die Wahrscheinlichkeit, dass B eintritt unter der Voraussetzung, dass A bereits eingetreten ist, die durch A bedingte Wahrscheinlichkeit von B. Für diese Wahrscheinlichkeit gilt:

$$P_A(B) = \frac{P(A \cap B)}{P(A)}$$

Mithilfe von bedingten Wahrscheinlichkeiten lässt sich das vollständige Baumdiagramm für ein zusammengesetztes bzw. mehrstufiges Zufallsexperiment mit den beiden Ereignissen A und B wie folgt angeben:

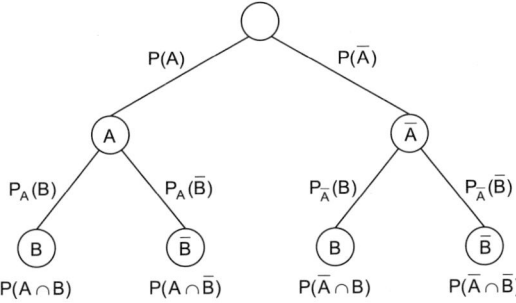

Stochastische Unabhängigkeit

Zwei Ereignisse A und B heißen stochastisch unabhängig, wenn das Eintreten von A keinen Einfluss auf die Wahrscheinlichkeit von B hat und umgekehrt, d. h., wenn $P_A(B) = P(B)$ und $P_B(A) = P(A)$. Dies ist genau dann der Fall, wenn gilt:

$P(A \cap B) = P(A) \cdot P(B)$

Andernfalls heißen A und B stochastisch abhängig.

Bemerkung: Die stochastische Unabhängigkeit zweier Ereignisse ist nicht zu verwechseln mit der Unvereinbarkeit zweier Ereignisse A und B. Für Letztere gilt: $P(A \cap B) = P(\{\}) = 0$ (vgl. Seite 71)

Die stochastische Unabhängigkeit zweier Ereignisse A und B lässt sich gut anhand einer Vierfeldertafel überprüfen.

Bei der Produktion eines Spielzeugs für Kinder können zwei Fehler auftreten. 10 % der produzierten Spielzeuge haben einen Funktionsfehler (F_1), 20 % haben einen Farbfehler (F_2). 25 % aller Spielzeuge haben mindestens einen Fehler (siehe auch Seite 73).

- Stellen Sie die zugehörige Vierfeldertafel auf und überprüfen Sie die Ereignisse F_1 und F_2 auf stochastische Unabhängigkeit.

  Gegeben: $P(F_1) = 0,1$ $P(F_2) = 0,2$ $P(F_1 \cup F_2) = 0,25$

  Es gilt: $P(\overline{F_1} \cap \overline{F_2}) = 1 - P(F_1 \cup F_2) = 1 - 0,25 = 0,75$

  Damit lässt sich eine vollständige Vierfeldertafel angeben:

	F_1	$\overline{F_1}$	
F_2	0,05	0,15	**0,2**
$\overline{F_2}$	0,05	**0,75**	0,8
	0,1	0,9	1

  $P(F_1 \cap F_2) = 0,05$ $P(F_1) \cdot P(F_2) = 0,1 \cdot 0,2 = 0,02$

  Also: $P(F_1 \cap F_2) = 0,05 \neq 0,02 = P(F_1) \cdot P(F_2)$

  $\Rightarrow$ Die Ereignisse F_1 und F_2 sind stochastisch abhängig.

- Ein Spielzeug funktioniert einwandfrei. Mit welcher Wahrscheinlichkeit hat das Spielzeug einen Farbfehler?

  Gesucht ist die bedingte Wahrscheinlichkeit $P_{\overline{F_1}}(F_2)$. Es gilt:

  $$P_{\overline{F_1}}(F_2) = \frac{P(\overline{F_1} \cap F_2)}{P(\overline{F_1})} = \frac{0,15}{0,9} = \frac{1}{6} \approx 16,67\,\%$$

- Stellen Sie das zugehörige vollständige Baumdiagramm auf.

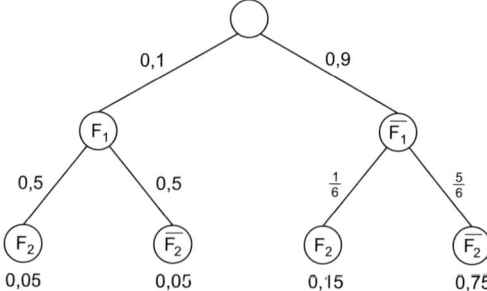

Satz von der totalen Wahrscheinlichkeit

Setzt sich ein Ereignis B aus mehreren sich gegenseitig ausschließenden Ereignissen $A_1 \cap B$, $A_2 \cap B$, ..., $A_i \cap B$ zusammen, so gilt:

$$P(B) = P(A_1) \cdot P_{A_1}(B) + P(A_2) \cdot P_{A_2}(B) + \ldots + P(A_i) \cdot P_{A_i}(B)$$

Satz von Bayes

Bekannt sind die Wahrscheinlichkeiten $P(A_i)$ der Ereignisse A_i, die sich gegenseitig ausschließen und zusammen das sichere Ereignis bilden. Für die bedingte Wahrscheinlichkeit $P_B(A_i)$ gilt dann:

$$P_B(A_i) = \frac{P(A_i \cap B)}{P(B)} = \frac{P(A_i) \cdot P_{A_i}(B)}{P(A_1) \cdot P_{A_1}(B) + P(A_2) \cdot P_{A_2}(B) + \ldots + P(A_i) \cdot P_{A_i}(B)}$$

Auf den Maschinen M_1, M_2 und M_3 der Firma Voss werden Lochbleche gestanzt. Auf Maschine M_1 werden 15 %, auf Maschine M_2 25 % und auf Maschine M_3 60 % der Gesamtproduktion hergestellt. Der Ausschussanteil bei Maschine M_1 beträgt 3 %, bei Maschine M_2 4 % und bei Maschine M_3 2 %. Ein Lochblech ist defekt.
Bestimmen Sie, mit welcher Wahrscheinlichkeit dieses Lochblech von Maschine M_2 hergestellt wurde.

M_i: Lochblech wurde von Maschine M_i produziert $\quad (i = 1, 2, 3)$
B: Lochblech ist Ausschuss

Gegeben:
$P(M_1) = 0,15 \quad P_{M_1}(B) = 0,03$
$P(M_2) = 0,25 \quad P_{M_2}(B) = 0,04$
$P(M_3) = 0,6 \quad P_{M_3}(B) = 0,02$

Mit dem Satz von Bayes gilt:

$$P_B(M_2) = \frac{P(M_2 \cap B)}{P(B)}$$

$$= \frac{P(M_2) \cdot P_{M_2}(B)}{P(M_1) \cdot P_{M_1}(B) + P(M_2) \cdot P_{M_2}(B) + P(M_3) \cdot P_{M_3}(B)}$$

$$= \frac{0,25 \cdot 0,04}{0,15 \cdot 0,03 + 0,25 \cdot 0,04 + 0,6 \cdot 0,02} = \frac{0,01}{0,0265} \approx 0,377$$

Mit ca. 37,7 % wurde das Lochblech auf Maschine M_2 hergestellt.

3 Urnenmodelle

Mehrstufige Zufallsexperimente lassen sich gut mithilfe von Urnen-
modellen veranschaulichen. Dabei werden unterscheidbare Kugeln aus
einer Urne gezogen. Je nach Modell wird mit oder ohne Zurücklegen
gezogen. Außerdem ist zu beachten, ob die Reihenfolge der gezogenen
Kugeln eine Rolle spielt.

Ist nach der Anzahl der Möglichkeiten gefragt, so ist die Antwort eine
natürliche Zahl. Ist nach einer Wahrscheinlichkeit gefragt, so ist die
Antwort eine reelle Zahl zwischen 0 und 1.

3.1 Anzahl der Möglichkeiten

Um die Wahrscheinlichkeit eines Ereignisses A in einem Laplace-
Experiment zu ermitteln, ist es notwendig, die Mächtigkeiten des
Ergebnisraums und des Ereignisses zu kennen (vgl. Abschnitt 2.2).
Insbesondere wenn es eine große Anzahl von Möglichkeiten gibt,
lassen sich diese Mächtigkeiten nicht mehr durch Notieren aller mög-
lichen Ergebnisse und Abzählen bestimmen. Bezogen auf das jeweilige
Urnenmodell gibt es aber geeignete Berechnungsformeln, die auf dem
allgemeinen Zählprinzip basieren:

Anzahl der Möglichkeiten
- Aus einer Urne mit n Kugeln wird k-mal *mit* Zurücklegen unter
  Beachtung der Reihenfolge gezogen:
  n^k Möglichkeiten
- Aus einer Urne mit n Kugeln wird k-mal *ohne* Zurücklegen unter
  Beachtung der Reihenfolge gezogen:
  $n \cdot (n-1) \cdot \ldots \cdot (n-k+1)$ Möglichkeiten
- Aus einer Urne mit n Kugeln werden k Kugeln ohne Zurücklegen
  und ohne Beachtung der Reihenfolge (bzw. mit einem Griff) ge-
  zogen:
  $\binom{n}{k} = \dfrac{n!}{k! \cdot (n-k)!}$ Möglichkeiten
  Dieser Ausdruck heißt **Binomialkoeffizient**.

Im Sportunterricht werden 6 verschiedene Mannschaften gebildet.

• Auf wie viele verschiedene Arten können Anna, Bernd und Christian auf die Teams verteilt werden?

$$\underset{\text{Anna}}{6} \cdot \underset{\text{Bernd}}{6} \cdot \underset{\text{Christian}}{6} = 6^3 = 216$$

• Wie viele Möglichkeiten der Verteilung gibt es, wenn jeder der drei zu einem anderen Team gehören soll?

$$\underset{\text{Anna}}{6} \cdot \underset{\text{Bernd}}{5} \cdot \underset{\text{Christian}}{4} = 120$$

• Wie viele verschiedene Möglichkeiten gibt es für die Zusammenstellung eines 5er-Teams, wenn die Klasse aus 30 Schülern besteht?

$$\binom{30}{5} = 142\,506$$

3.2 Berechnen von Wahrscheinlichkeiten

Ziehen ohne Zurücklegen

Beim Ziehen aus einer Urne ohne Zurücklegen ändern sich bei jedem Zug die Wahrscheinlichkeiten. Spielt dabei die Reihenfolge der gezogenen Kugeln keine Rolle, entspricht dies dem Ziehen mit einem Griff.

Zieht man aus einer Urne mit N Kugeln, von denen K schwarz sind, n Kugeln ohne Zurücklegen, so gilt für die Wahrscheinlichkeit, genau k schwarze Kugeln zu ziehen:

$$P(\text{,,genau k schwarze Kugeln''}) = \frac{\binom{K}{k} \cdot \binom{N-K}{n-k}}{\binom{N}{n}}$$

In einer Lieferung von 50 Dioden befinden sich 4 defekte. Bei einer Kontrolle werden 6 Dioden zufällig ausgewählt und überprüft. Mit welcher Wahrscheinlichkeit findet man genau 2 defekte?

Die Lieferung besteht aus N = 50 Dioden.
Darunter befinden sich K = 4 defekte, also N − K = (50 − 4) = 46 einwandfreie Dioden.
Es werden n = 6 Dioden ausgewählt und überprüft.

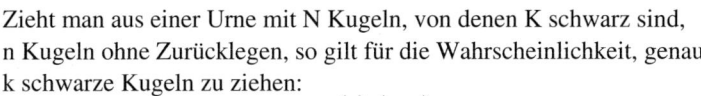

$$P(\text{,,genau 2 defekte Dioden''}) = \frac{\binom{4}{2} \cdot \binom{50-4}{6-2}}{\binom{50}{6}} = \frac{\binom{4}{2} \cdot \binom{46}{4}}{\binom{50}{6}} \approx 6,2\,\%$$

Ziehen mit Zurücklegen

Beim Ziehen aus einer Urne mit Zurücklegen bleiben die Wahrscheinlichkeiten bei jedem Zug gleich.

Zieht man aus einer Urne mit einem bestimmten Anteil p schwarzer Kugeln n Kugeln mit Zurücklegen, so gilt für die Wahrscheinlichkeit, genau k schwarze Kugeln zu ziehen:

$$P(\text{„genau k schwarze Kugeln"}) = \binom{n}{k} \cdot p^k \cdot (1-p)^{n-k}$$

Spielt die Reihenfolge der gezogenen Kugeln eine Rolle, kann die Formel nicht direkt angewendet werden (vgl. Ereignisse C und D unten).

Ein Tetraeder (vierseitiger Würfel mit den Augenzahlen 1, 2, 3 und 4) wird fünfmal geworfen. Notiert wird die Augenzahl der Fläche, auf die das Tetraeder fällt.

Für jeden der n = 5 Würfe gilt:

$$P(\{1\}) = P(\{2\}) = P(\{3\}) = P(\{4\}) = \frac{1}{4} \quad \text{und} \quad P(\{\text{ungerade Zahl}\}) = \frac{1}{2}$$

A: „Genau bei 3 Würfen fällt die Augenzahl 2."

$$P(A) = P(\text{„genau 3 Zweier"}) = \binom{5}{3} \cdot \left(\frac{1}{4}\right)^3 \cdot \left(\frac{3}{4}\right)^{5-3} \approx 8{,}79\,\%$$

B: „Es wird immer eine ungerade Augenzahl geworfen."

$$P(B) = P(\text{„genau 5 ungerade Zahlen"})$$

$$= \binom{5}{5} \cdot \left(\frac{1}{2}\right)^5 \cdot \left(\frac{1}{2}\right)^{5-5} = 1 \cdot \left(\frac{1}{2}\right)^5 \cdot 1 = 3{,}125\,\%$$

C: „Es wird nur im ersten, zweiten und letzten Wurf eine 2 gewürfelt."

$$P(C) = \underbrace{\frac{1}{4}}_{\text{1. Wurf}} \cdot \underbrace{\frac{1}{4}}_{\text{2. Wurf}} \cdot \underbrace{\frac{3}{4}}_{\text{3. Wurf}} \cdot \underbrace{\frac{3}{4}}_{\text{4. Wurf}} \cdot \underbrace{\frac{1}{4}}_{\text{5. Wurf}} = \left(\frac{1}{4}\right)^3 \cdot \left(\frac{3}{4}\right)^2 \approx 0{,}88\,\%$$

D: „Es wird genau dreimal hintereinander eine 2 gewürfelt."

Mögliche Fälle sind:
$$\begin{array}{ccccc} 2 & 2 & 2 & \_ & \_ \\ \_ & 2 & 2 & 2 & \_ \\ \_ & \_ & 2 & 2 & 2 \end{array}$$

Für jeden dieser Fälle ist die Wahrscheinlichkeit $\left(\frac{1}{4}\right)^3 \cdot \left(\frac{3}{4}\right)^2$.

$$\Rightarrow \quad P(D) = 3 \cdot \left(\frac{1}{4}\right)^3 \cdot \left(\frac{3}{4}\right)^2 \approx 2{,}64\,\%$$

4 Zufallsgrößen

4.1 Zufallsgrößen und ihre Wahrscheinlichkeitsverteilung

Eine **Zufallsgröße** oder Zufallsvariable ordnet jedem Ergebnis eines Zufallsexperiments eine reelle Zahl zu. Die **Wahrscheinlichkeitsverteilung** einer Zufallsgröße X gibt an, mit welchen Wahrscheinlichkeiten p_1, p_2, ..., p_n die Zufallsgröße die möglichen Werte x_1, x_2, ..., x_n annimmt; in Tabellenform:

x_i	x_1	x_2	...	x_n
$P(X = x_i)$	p_1	p_2	...	p_n

Dabei muss die Summe der Wahrscheinlichkeiten stets 1 ergeben:
$p_1 + p_2 + ... + p_n = 1$ (Normierungsbedingung)
Die Veranschaulichung der Wahrscheinlichkeitsverteilung kann durch ein Stabdiagramm oder ein Histogramm erfolgen.

Vorgehensweise
Schritt 1: Werte, die die Zufallsgröße X annehmen kann, auflisten
Schritt 2: Zugehörige Wahrscheinlichkeiten berechnen
Schritt 3: Tabelle und ggf. Stabdiagramm bzw. Histogramm erstellen

Bei einem gezinkten Würfel wird die Augenzahl 6 mit einer Wahrscheinlichkeit von 0,3 geworfen. Ermitteln Sie die Wahrscheinlichkeitsverteilung der Zufallsgröße X, die die Anzahl der Sechser beim zweimaligen Werfen dieses Würfels angibt.

Schritt 1:
Die Zufallsgröße X kann folgende Werte annehmen:
$x_1 = 0$; $x_2 = 1$; $x_3 = 2$
Schritt 2:
Die Wahrscheinlichkeiten für die einzelnen Werte von X können mithilfe der Formel von Seite 82 ermittelt werden:

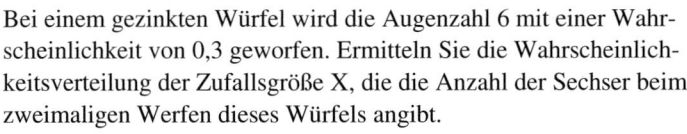

$$P(X = x_1) = P(X = 0) = P(\text{„keine 6"}) = \binom{2}{0} \cdot 0,3^0 \cdot 0,7^2 = 0,7^2 = 0,49$$

$$P(X = 1) = \binom{2}{1} \cdot 0,3^1 \cdot 0,7^1 = 0,42 \qquad P(X = 2) = \binom{2}{2} \cdot 0,3^2 \cdot 0,7^0 = 0,09$$

Schritt 3:
Wahrscheinlichkeitsverteilung von X:

x_i	0	1	2
$P(X = x_i)$	0,49	0,42	0,09

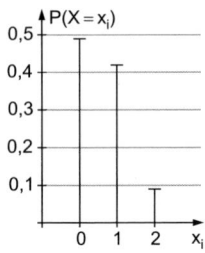

4.2 Erwartungswert, Varianz und Standardabweichung

Erwartungswert
Der Erwartungswert einer Zufallsgröße X gibt an, welcher Mittelwert bei oftmaliger Wiederholung des Zufallsexperiments zu erwarten ist.

$$\mu = E(X) = \sum_{i=1}^{n} x_i \cdot p_i = x_1 \cdot p_1 + \ldots + x_n \cdot p_n$$

Varianz und Standardabweichung
Die Varianz und die Standardabweichung einer Zufallsgröße X erfassen die Streuung der Werte um den Erwartungswert von X.

$$Var(X) = \sum_{i=1}^{n} (x_i - \mu)^2 \cdot p_i = (x_1 - \mu)^2 \cdot p_1 + \ldots + (x_n - \mu)^2 \cdot p_n$$

$$\sigma(X) = \sqrt{Var(X)}$$

Bemerkungen:
- Der Erwartungswert μ einer Zufallsgröße X ist häufig kein Wert, den die Zufallsgröße tatsächlich annimmt.
- Ein Spiel ist fair, wenn der Erwartungswert des Gewinns für jeden Spieler gleich null ist.

 Ein Englischlehrer stellt für die Notenverteilung der nächsten Schulaufgabe zwei mögliche Szenarien gegenüber.

Szenario A

Note x_i	1	2	3	4	5	6
$P(X = x_i)$	0,1	0,15	0,5	0,2	0	0,05

Szenario B

Note y_i	1	2	3	4	5	6
$P(Y = y_i)$	0,2	0,25	0,25	0,05	0,15	0,1

Erwartungswert (Notendurchschnitt) bei beiden Szenarien:
$E(X) = 1 \cdot 0,1 + 2 \cdot 0,15 + 3 \cdot 0,5 + 4 \cdot 0,2 + 5 \cdot 0 + 6 \cdot 0,05 = 3$
$E(Y) = 1 \cdot 0,2 + 2 \cdot 0,25 + 3 \cdot 0,25 + 4 \cdot 0,05 + 5 \cdot 0,15 + 6 \cdot 0,1 = 3$
In beiden Fällen ergäbe sich derselbe Notendurchschnitt.

Varianz/Streuung um den Notendurchschnitt:
$Var(X) = (1-3)^2 \cdot 0,1 + (2-3)^2 \cdot 0,15 + (3-3)^2 \cdot 0,5 + (4-3)^2 \cdot 0,2$
$\quad + (5-3)^2 \cdot 0 + (6-3)^2 \cdot 0,05 = 1,2$

$Var(Y) = (1-3)^2 \cdot 0,2 + (2-3)^2 \cdot 0,25 + (3-3)^2 \cdot 0,25 + (4-3)^2 \cdot 0,05$
$\quad + (5-3)^2 \cdot 0,15 + (6-3)^2 \cdot 0,1 = 2,6$

$\Rightarrow \quad Var(X) < Var(Y)$

Die Streuung der Noten um den Notendurchschnitt wäre bei Szenario B größer als bei Szenario A.

Dies wird auch an den Stabdiagrammen deutlich:

Szenario A   **Szenario B**

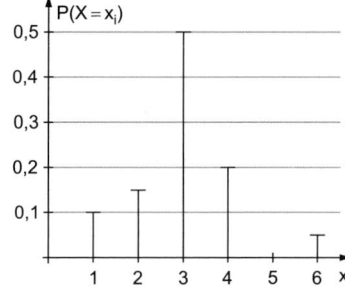
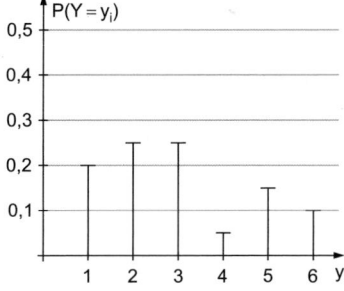

Szenario A: Sehr gute und sehr schlechte Noten treten selten auf.
$\qquad \Rightarrow$ Die Noten streuen nur wenig um den Erwartungswert.
Szenario B: Die Noten sind recht gleichmäßig verteilt.
$\qquad \Rightarrow$ Die Noten streuen stark um den Erwartungswert.

4.3 Binomialverteilte Zufallsgrößen

Bernoulli-Experiment
Ein Zufallsexperiment mit nur zwei möglichen Ergebnissen (Treffer und Niete) heißt Bernoulli-Experiment. Die Trefferwahrscheinlichkeit bezeichnet man mit p, die Wahrscheinlichkeit für eine Niete mit $q = 1 - p$. Die n-fache unabhängige Wiederholung eines Bernoulli-Experiments heißt Bernoulli-Kette der Länge n. Die Trefferwahrscheinlichkeit p bleibt dabei konstant.

Binomialverteilte Zufallsgröße
Für die Zufallsgröße X, die die Anzahl der Treffer bei einer Bernoulli-Kette der Länge n mit Trefferwahrscheinlichkeit p angibt, gilt:

$$P_p^n (X = k) = B(n; p; k) = \binom{n}{k} \cdot p^k \cdot (1-p)^{n-k} \quad (0 \le k \le n)$$

Diese Wahrscheinlichkeitsverteilung heißt Binomialverteilung und X binomialverteilt nach B(n; p).
Die kumulative Verteilungsfunktion einer B(n; p)-verteilten Zufallsgröße ist gegeben durch:

$$F_p^n (k) = P_p^n (X \le k) = \sum_{i = 0}^{k} B(n; p; i)$$

Für eine B(n; p)-verteilte Zufallsgröße X gilt:

- Erwartungswert: $\mu = E(X) = n \cdot p$
- Varianz: $Var(X) = n \cdot p \cdot (1-p)$
- Standardabweichung: $\sigma(X) = \sqrt{n \cdot p \cdot (1-p)}$

Bemerkung: Die Binomialverteilung lässt sich durch das Urnenmodell „Ziehen mit Zurücklegen" (vgl. S. 82) veranschaulichen.

Beispielhaftes Histogramm für $n = 10$ und $p = 0{,}3$ (mit $E(X) = 3$):

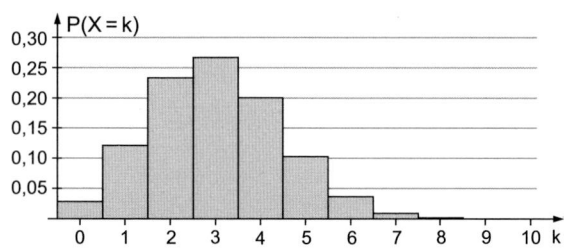

Die Werte für bestimmte Binomialverteilungen und ihre kumulativen Verteilungen können einem Tafelwerk entnommen werden.

Die Werte aller Binomialverteilungen und ihrer kumulativen Verteilungen können mit einem GTR/CAS bestimmt werden.

Übersicht über typische Fragestellungen und Rückführung auf die kumulative Verteilungsfunktion:

- genau k Treffer: $P(X = k) = B(n; p; k) = \binom{n}{k} \cdot p^k \cdot (1-p)^{n-k}$
- höchstens k Treffer: $P(X \leq k)$
- weniger als k Treffer: $P(X < k) = P(X \leq k - 1)$
- mindestens k Treffer: $P(X \geq k) = 1 - P(X \leq k - 1)$
- mehr als k Treffer: $P(X > k) = P(X \geq k + 1) = 1 - P(X \leq k)$
- mindestens k, aber höchstens h Treffer: $P(k \leq X \leq h) = P(X \leq h) - P(X \leq k - 1)$

Eine Sportartikelfirma stellt Fußbälle her. Aus langjähriger Erfahrung weiß man, dass 10 % aller produzierten Bälle fehlerhaft sind. In der Endkontrolle werden 10 Bälle zufällig ausgewählt und kontrolliert.

Mit welcher Wahrscheinlichkeit

(1) sind genau drei Bälle fehlerhaft?

(2) sind höchstens vier Bälle fehlerhaft?

(3) sind mehr als drei Bälle fehlerhaft?

(4) sind mindestens zwei, aber weniger als fünf Bälle fehlerhaft?

Die Zufallsgröße X gibt die Anzahl der fehlerhaften Bälle bei der Endkontrolle an. X ist binomialverteilt mit p = 0,1 und n = 10.

(1) $P_{0,1}^{10}(X = 3) = B(10; 0,1; 3) = \binom{10}{3} \cdot 0,1^3 \cdot 0,9^7 \approx 0,0574 = 5,74\,\%$

(2) $P_{0,1}^{10}(X \leq 4) = \sum_{i=0}^{4} B(10; 0,1; i) = 0,99837 \approx 99,84\,\%$
(Tafelwerk: kumulative Tabelle)

(3) $P_{0,1}^{10}(X > 3) = 1 - P_{0,1}^{10}(X \leq 3) = 1 - \sum_{i=0}^{3} B(10; 0,1; i)$

$= 1 - 0,98720$ (Tafelwerk: kumulative Tabelle)

$= 0,0128 = 1,28\,\%$

(4) $P_{0,1}^{10}(2 \leq X < 5) = P_{0,1}^{10}(2 \leq X \leq 4)$

$\qquad\qquad = P_{0,1}^{10}(X \leq 4) - P_{0,1}^{10}(X \leq 1)$

$\qquad\qquad = \sum_{i=0}^{4} B(10; 0,1; i) - \sum_{i=0}^{1} B(10; 0,1; i)$

$\qquad\qquad = 0,99837 - 0,73610$ (Tafelwerk: kumulative Tabelle)

$\qquad\qquad = 0,26227 \approx 26,23 \%$

Wie viele Bälle müsste man mindestens kontrollieren, um mit einer Wahrscheinlichkeit von mindestens 95 % wenigstens einen fehlerhaften Ball zu finden? („3-Mindestens-Aufgabe")

Nun ist X binomialverteilt mit p = 0,1 und unbekanntem n.

Es soll gelten:

$\qquad P_{0,1}^{n}(X \geq 1) \geq 0,95$

$\quad 1 - P_{0,1}^{n}(X = 0) \geq 0,95$

$\qquad P_{0,1}^{n}(X = 0) \leq 0,05$

$\quad \binom{n}{0} \cdot 0,1^0 \cdot 0,9^n \leq 0,05$

$\qquad\qquad 0,9^n \leq 0,05$

$\qquad\quad \ln 0,9^n \leq \ln 0,05$

$\qquad n \cdot \ln 0,9 \leq \ln 0,05 \qquad \vert : \ln 0,9 \ (< 0 \, !)$

$\qquad\qquad n \geq \frac{\ln 0,05}{\ln 0,9} \approx 28,43$

Man müsste also mindestens 29 Bälle kontrollieren.

 Falls es der Operator in der Aufgabenstellung zulässt, kann die Bestimmung auch durch systematisches Probieren mit dem GTR/CAS erfolgen:

Für n = 28 gilt: $P(X \geq 1) \approx 0,9477 = 94,77 \%$

Für n = 29 gilt: $P(X \geq 1) \approx 0,9529 = 95,29 \%$

Man erkennt, dass für n = 29 der Wert erstmals größer als 95 % ist. Folglich müsste man mindestens 29 Bälle kontrollieren.

5 Normalverteilung

5.1 Annäherung der Binomialverteilung durch eine Normalverteilung

Gauß'sche Glockenfunktion

Gilt für die Binomialverteilung $\sigma = \sqrt{n \cdot p \cdot (1-p)} > 3$ (Laplace-Bedingung), so kann das Histogramm ihrer Wahrscheinlichkeiten gut durch eine Glockenkurve angenähert werden. Die Glockenkurve wird in diesen Fällen durch die Dichtefunktion $\varphi(x) = \dfrac{1}{\sqrt{2\pi}}\, e^{-\frac{1}{2}x^2}$ beschrieben.

Gauß'sche Integralfunktion

Die Gauß'sche Integralfunktion Φ misst die Fläche unter der Glockenkurve φ. Φ ist demnach die zu φ gehörende Verteilungsfunktion und Integralfunktion von φ.

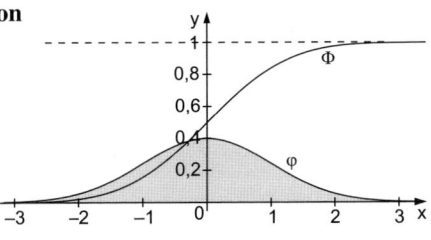

Mit ihr können kumulierte Wahrscheinlichkeiten berechnet werden.

Integrale Näherungsformel von de Moivre-Laplace

Zur Berechnung von $P(k_1 \le X \le k_2)$ müssen die Wahrscheinlichkeiten $P(X=i)$ für $i = k_1, \ldots, k_2$, also die zugehörigen Rechtecksflächen des Histogramms addiert werden. Diese können über Φ (Gauß'sche Summenfunktion) angenähert werden. Es gilt folgende Integrale Näherungsformel:

$$P(k_1 \le X \le k_2) \approx \Phi\left(\frac{k_2 - \mu + 0,5}{\sigma}\right) - \Phi\left(\frac{k_1 - \mu - 0,5}{\sigma}\right)$$

Die Vergrößerung des Integrationsintervalls um 0,5 bezeichnet man als Stetigkeitskorrektur.

Bemerkungen:
- Die Funktionswerte $\Phi(x)$ lassen sich mit einem GTR/CAS oder mit einem Tafelwerk bestimmen.
- Es gilt: $\Phi(-x) = 1 - \Phi(x)$

Eine deformierte Münze wird 100-mal geworfen. Die Wahrscheinlichkeit für Kopf beträgt 0,4.
Bestimmen Sie mit der Näherungsformel von de Moivre-Laplace die Wahrscheinlichkeit dafür, dass
(1) weniger als 35-mal Kopf fällt,
(2) mindestens 42-mal Kopf fällt,
(3) mindestens 36-mal und höchstens 43-mal Kopf fällt.

$$\mu = E(X) = 100 \cdot 0,4 = 40; \quad \sigma = \sigma(X) = \sqrt{100 \cdot 0,4 \cdot 0,6} = \sqrt{24} \approx 4,9 > 3$$

Die Laplace-Bedingung ist erfüllt, die Binomialverteilung wird „gut" durch die Normalverteilung angenähert.

(1) $P(X < 35) = P(X \le 34) \approx \Phi\left(\dfrac{34 - 40 + 0,5}{\sqrt{24}}\right) - \Phi\left(\dfrac{0 - 40 - 0,5}{\sqrt{24}}\right)$

$$\approx \Phi(-1,12) - \Phi(-8,27)$$

$$\approx 0,1314 - 0 \approx 13,14\,\%$$

(2) $P(X \ge 42) = 1 - P(X \le 41) \approx 1 - \left[\Phi\left(\dfrac{41 - 40 + 0,5}{\sqrt{24}}\right) - \Phi\left(\dfrac{0 - 40 - 0,5}{\sqrt{24}}\right)\right]$

$$\approx 1 - [\Phi(0,31) - \Phi(-8,27)]$$

$$\approx 1 - 0,6217 = 0,3783 = 37,83\,\%$$

(3) $P(36 \le X \le 43) \approx \Phi\left(\dfrac{43 - 40 + 0,5}{\sqrt{24}}\right) - \Phi\left(\dfrac{36 - 40 - 0,5}{\sqrt{24}}\right)$

$$\approx \Phi(0,71) - \Phi(-0,92)$$

$$\approx 0,7611 - 0,1788 \approx 0,5823 = 58,23\,\%$$

5.2 Normalverteilte Zufallsgrößen

Stetige Zufallsgrößen können in einem Intervall beliebige Zahlenwerte x annehmen. Eine stetige Zufallsgröße heißt normalverteilt mit dem Erwartungswert μ und der Standardabweichung σ, wenn die zugrunde liegende Dichtefunktion durch

$$\varphi_{\mu;\,\sigma}(x) = \frac{1}{\sigma \cdot \sqrt{2\pi}} \cdot e^{-\frac{1}{2} \cdot \left(\frac{x - \mu}{\sigma}\right)^2}$$

gegeben ist.

Wahrscheinlichkeiten bei normalverteilten Zufallsgrößen

Die Intervall-Wahrscheinlichkeiten bei normalverteilten Zufallsgrößen können über die Gauß'sche Integralfunktion $\Phi_{\mu, \sigma}$: $x \rightarrow \Phi\left(\frac{x - \mu}{\sigma}\right)$ ermittelt werden. Es gilt:

$$P(k_1 \leq X \leq k_2) = \Phi_{\mu; \sigma}(k_2) - \Phi_{\mu; \sigma}(k_1) = \Phi\left(\frac{k_2 - \mu}{\sigma}\right) - \Phi\left(\frac{k_1 - \mu}{\sigma}\right)$$

Bemerkung: Die Gauß'sche Dichtefunkton φ sowie die Funktion Φ (vgl. Abschnitt 5.1) ergeben sich als Spezialfälle für $\mu = 0$ und $\sigma = 1$.

Eine Maschine produziert Bleche mit einer Dicke von durchschnittlich 0,8 mm. Die Standardabweichung beträgt 0,02 mm.

a) Berechnen Sie den Prozentsatz der Bleche, die dicker als 0,75 mm sind, unter der Annahme, dass die Dicke normalverteilt ist.

$\mu = E(X) = 0,8$; $\sigma = \sigma(X) = 0,02$

Da die Zufallsgröße X, die die Dicke der Bleche in mm angibt, normalverteilt ist, gilt:

$$P(X > 0,75) = 1 - P(X \leq 0,75)$$
$$\approx 1 - \Phi\left(\frac{0,75 - 0,80}{0,02}\right)$$
$$= 1 - \Phi(-2,5)$$
$$\approx 1 - 0,0062$$
$$= 0,9938 = 99,38\,\%$$

Somit sind 99,38 % der Bleche dicker als 0,75 mm.

b) Bestimmen Sie, mit viel Prozent Ausschuss zu rechnen ist, wenn die Bleche mindestens 0,74 mm und höchstens 0,84 mm dick sein dürfen.

$$P(0,74 \leq X \leq 0,84) = P(X \leq 0,84) - P(X \leq 0,74)$$
$$= \Phi\left(\frac{0,84 - 0,80}{0,02}\right) - \Phi\left(\frac{0,74 - 0,80}{0,02}\right)$$
$$= \Phi(2) - \Phi(-3)$$
$$\approx 0,9772 - 0,0013$$
$$= 0,9759 = 97,59\,\%$$

Folglich ist mit 100 % − 97,59 % = 2,41 % Ausschuss zu rechnen.

6 Beurteilende Statistik

6.1 Testen von Hypothesen

Einseitiger Signifikanztest

Bei einem Hypothesentest stellt man eine Vermutung (**Nullhypothese** H_0) über eine Wahrscheinlichkeit auf und testet diese anhand einer Stichprobe. Aufgrund des Ergebnisses des Tests wird entschieden, ob die Vermutung angenommen oder abgelehnt wird. Dabei können zwei Fehlentscheidungen getroffen werden:

Fehler 1. Art: H_0 wird irrtümlich abgelehnt.

Fehler 2. Art: H_0 wird irrtümlich angenommen bzw. nicht abgelehnt.

Es ist wünschenswert, dass die Wahrscheinlichkeit für einen Fehler 1. Art möglichst klein ist. Deshalb wird diese Irrtumswahrscheinlichkeit durch das **Signifikanzniveau** α beschränkt.

Man unterscheidet links- und rechtsseitige Signifikanztests, je nachdem, ob die Vermutung H_0: $p \geq p_0$ oder H_0: $p \leq p_0$ lautet.

Vorgehensweise

Schritt 1: Zufallsgröße und Nullhypothese festlegen

Schritt 2: Übersichtstabelle aufstellen

Schritt 3: Je nach Aufgabentyp kritischen Wert berechnen und Entscheidungsregel angeben oder Irrtumswahrscheinlichkeit berechnen

Linksseitiger Signifikanztest

Aufgabentyp 1

Gegeben: H_0: $p \geq p_0$
  n (Stichprobenlänge)
  k (kritischer Wert bzw. Entscheidungsregel)

Gesucht: Irrtumswahrscheinlichkeit

	gegen H_0	für H_0
	0; …; k	k+1; …; n
H_0: $p \geq p_0$	?	

$P_{p_0}^n (X \leq k)$ berechnen

Aufgabentyp 2

Gegeben: H_0: $p \geq p_0$
  n (Stichprobenlänge)
  α (Signifikanzniveau)

Gesucht: kritischer Wert bzw. Entscheidungsregel

	gegen H_0	für H_0
	0; …; k	k+1; …; n
H_0: $p \geq p_0$	$\leq \alpha$	

k ermitteln mit $P_{p_0}^n (X \leq k) \leq \alpha$

Rechtsseitiger Signifikanztest

Aufgabentyp 1

Gegeben: H_0: $p \leq p_0$

  n (Stichprobenlänge)

  k (kritischer Wert bzw.
      Entscheidungsregel)

Gesucht: Irrtumswahrscheinlichkeit

	für H_0	gegen H_0
	0; …; k	k + 1; …; n
H_0: $p \leq p_0$		(?)

$P_{p_0}^n(X \geq k+1) = 1 - P_{p_0}^n(X \leq k)$
berechnen

Aufgabentyp 2

Gegeben: H_0: $p \leq p_0$

  n (Stichprobenlänge)

  α (Signifikanzniveau)

Gesucht: kritischer Wert bzw.
      Entscheidungsregel

	für H_0	gegen H_0
	0; …; k	k + 1; …; n
H_0: $p \leq p_0$		($\leq \alpha$)

k ermitteln aus der Bedingung

$$P_{p_0}^n(X \geq k+1) \leq \alpha$$
$$\Leftrightarrow \quad 1 - P_{p_0}^n(X \leq k) \leq \alpha$$
$$\Leftrightarrow \quad P_{p_0}^n(X \leq k) \geq 1 - \alpha$$

Der Hersteller eines Beruhigungsmittels behauptet, dass sein Mittel in mindestens 90 % der Fälle erfolgreich wirkt. Dazu werden 100 Benutzer des Mittels befragt. Die Nullhypothese „in mindestens 90 % der Fälle wirkt das Mittel" wird auf dem Signifikanzniveau $\alpha = 5$ % getestet. Bestimmen Sie die zugehörige Entscheidungsregel.

Schritt 1:

X: Anzahl der Benutzer, bei denen das Mittel wirkt; B(100, p)-verteilt

H_0: $p \geq 0{,}9$ (in mindestens 90 % der Fälle) $\alpha = 0{,}05$

Schritt 2: Übersichtstabelle:

	gegen H_0	für H_0	
	0; …; k	k + 1; …; 100	Benutzer, bei denen das Mittel wirkt
H_0: $p \geq 0{,}9$	($\leq 0{,}05$)		

Schritt 3: Berechnen von k:

$P_{0,9}^{100}(X \leq k) \leq 0{,}05 \Rightarrow k = 84$ (Tafelwerk: kumulative Tabelle)

$\Rightarrow$ Ablehnungsbereich: $\{0; …; 84\}$ Annahmebereich: $\{85; …; 100\}$

Entscheidungsregel: Geben höchstens 84 Benutzer bei der Befragung an, dass das Mittel bei ihnen wirkt, wird die Nullhypothese abgelehnt.

6.2 Schluss von der Gesamtheit auf die Stichprobe

Bei bekanntem Anteil p (Trefferwahrscheinlichkeit) sollen Prognosen über die voraussichtlichen Ergebnisse von Bernoulli-Ketten gemacht werden. Insbesondere interessieren die Bereiche, in denen das Stichprobenergebnis mit hoher Wahrscheinlichkeit liegen wird. Die Sigma-Umgebungen des Erwartungswertes mit den Sicherheitswahrscheinlichkeiten 90 %, 95 % und 99 % liefern Prognoseintervalle für die absoluten Häufigkeiten.

Prognosen für die relativen Häufigkeiten erhält man aus den Regeln über die $\frac{\sigma}{n}$-Umgebungen von p:

$$P\left(p - 1{,}64\frac{\sigma}{n} \leq \frac{X}{n} \leq p + 1{,}64\frac{\sigma}{n}\right) \approx 90\,\%$$

$$P\left(p - 1{,}96\frac{\sigma}{n} \leq \frac{X}{n} \leq p + 1{,}96\frac{\sigma}{n}\right) \approx 95\,\%$$

$$P\left(p - 2{,}58\frac{\sigma}{n} \leq \frac{X}{n} \leq p + 2{,}58\frac{\sigma}{n}\right) \approx 99\,\%$$

Diese Regeln gelten, wenn die Standardabweichung σ größer als 3 ist.

Bei der Niedersächsischen Landtagswahl 2008 hat die CDU einen Stimmenanteil von p = 42,5 % erreicht. Angenommen, man hätte am Wahltag unter den Teilnehmern der Wahl, nachdem diese das Wahllokal verlassen hatten, eine Wahlbefragung in Form einer Zufallsstichprobe vom Umfang n = 600 durchgeführt, welchen Anteil von CDU-Wählern hätte man erwarten können?

$$n = 600; \quad p = 0{,}425; \quad \sigma = \sqrt{n \cdot p \cdot (1-p)} = \sqrt{600 \cdot 0{,}425 \cdot 0{,}575} \approx 12{,}1 > 3$$

Die Laplace-Bedingung ist erfüllt.

Punktschätzung: Man erwartet, dass auch in der Zufallsstichprobe 42,5 % der Teilnehmer die CDU gewählt haben.

Intervallschätzung:

$$\frac{\sigma}{n} = \frac{\sqrt{n \cdot p \cdot (1-p)}}{n} \approx 0{,}02018$$

$1,96\frac{\sigma}{n}$-Umgebung von p:

$$p - 1,96\frac{\sigma}{n} \approx 0,425 - 0,03956 = 0,38544 \approx 38,5\,\%$$

$$p + 1,96\frac{\sigma}{n} \approx 0,425 + 0,03956 = 0,46456 \approx 46,5\,\%$$

Mit einer Wahrscheinlichkeit von ca. 95 % liegt der Anteil der CDU-Wähler in der Stichprobe zwischen 38,5 % und 46,5 %.

Bemerkung: Liegt das Stichprobenergebnis innerhalb der $1,96\frac{\sigma}{n}$-Umgebung von p, beispielsweise bei 40,5 %, so bezeichnet man es als **verträglich mit p**. Stichprobenergebnisse außerhalb dieser Umgebung werden als **signifikant abweichend** bezeichnet.

6.3 Schluss von der Stichprobe auf die Gesamtheit

Der Anteil p in der Gesamtheit ist nicht bekannt. Bekannt dagegen ist ein Stichprobenergebnis, d. h. die Anzahl der „Erfolge" bei einer durchgeführten n-stufigen Bernoulli-Kette. Gesucht sind alle Erfolgswahrscheinlichkeiten p, mit denen das Stichprobenergebnis X bzw. $\frac{X}{n}$ verträglich ist. Die so ermittelten Intervalle von p nennt man **Vertrauensintervalle** oder auch **Konfidenzintervalle** für p.

Es wird eine Umfrage von 800 Wahlberechtigten durchgeführt. 430 der Befragten gaben an, die Partei A wählen zu wollen. Kann die Partei A mit der absoluten Mehrheit rechnen? Ermitteln Sie hierzu ein Vertrauensintervall mit der Sicherheitswahrscheinlichkeit von 95 %.

Eine absolute Mehrheit ist mit $p > 0,5$ erzielt. Gegeben ist das Stichprobenergebnis $X = 430$ mit der relativen Häufigkeit $\frac{X}{n} = \frac{430}{800} = 0,5375$. Die Standardabweichung lässt sich durch $\frac{X}{n}$ abschätzen:

$$\sigma = \sqrt{n \cdot p \cdot (1-p)} \approx \sqrt{800 \cdot 0,5375 \cdot 0,4625} \approx 14,1 > 3$$

Die Laplace-Bedingung ist erfüllt. Gesucht sind alle Anteile p in der Gesamtheit, welche die folgende Forderung erfüllen:

$$p - 1,96 \cdot \sqrt{\frac{p \cdot (1-p)}{800}} \leq 0,5375 \leq p + 1,96 \cdot \sqrt{\frac{p \cdot (1-p)}{800}}$$

Man betrachtet die Graphen der Funktionen mit den Gleichungen:

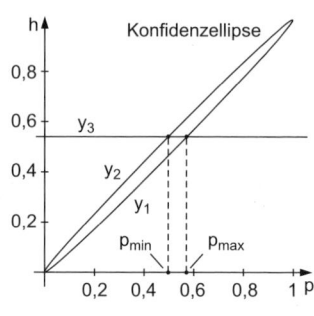

$$y_1(x) = x - 1{,}96 \cdot \sqrt{\frac{x \cdot (1-x)}{800}}$$

$$y_2(x) = x + 1{,}96 \cdot \sqrt{\frac{x \cdot (1-x)}{800}}$$

$$y_3(x) = 0{,}5375$$

Schnittstellen (z. B. mit GTR/CAS):

$p_{max} = 0{,}5717\ldots$ und $p_{min} = 0{,}5028\ldots$

Weil alle Werte p aus diesem Intervall größer als 0,5 sind, lässt sich mit der Sicherheitswahrscheinlichkeit von 95 % aussagen, dass die Partei A mit der absoluten Mehrheit rechnen kann.

6.4 Wahl eines genügend großen Stichprobenumfangs

In 95 % der Stichproben vom Umfang n gilt: $\left| \frac{X}{n} - p \right| \leq 1{,}96 \cdot \frac{\sigma}{n}$

Dabei ist $1{,}96 \cdot \frac{\sigma}{n}$ der maximale Abstand, den das ermittelte Stichprobenergebnis $\frac{X}{n}$ vom Anteil p in der Gesamtheit hat. Soll es von p höchstens den Abstand d haben, so muss gelten:

$$1{,}96 \cdot \frac{\sigma}{n} = 1{,}96 \cdot \frac{\sqrt{n \cdot p \cdot (1-p)}}{n} \leq d$$

Hieraus folgt für den notwendigen Stichprobenumfang:

$$n \geq \left(\frac{1{,}96}{d} \right)^2 \cdot p \cdot (1-p)$$

Soll die Sicherheitswahrscheinlichkeit 90 % bzw. 99 % betragen, so muss der Wert 1,96 durch 1,64 bzw. 2,58 ersetzt werden.

Man will den Anteil der Wähler einer Partei auf 2 Prozentpunkte genau bestimmen (Sicherheitswahrscheinlichkeit 95 %). Wie groß muss der Stichprobenumfang mindestens sein?

Ist nichts über p bekannt, so ist der ungünstigste Fall zu berücksichtigen. Dieser tritt für $p = 0{,}5$ ein, weil dann der Faktor $p \cdot (1-p)$ maximal wird. Daraus folgt:

$$n \geq \left(\frac{1{,}96}{0{,}02} \right)^2 \cdot 0{,}5 \cdot 0{,}5 = 2\,401 \quad \Rightarrow \quad \text{Stichprobenumfang mindestens } 2\,401$$

Stichwortverzeichnis

Analysis

Analytische Geometrie / Lineare Algebra

Stochastik